通用管理能力指定培训教材

个人与团队管理

(第四版·下册)

［英］Karen Holems 等著
     Corinne Leech

天向互动教育中心 编译

国家开放大学出版社
清华大学出版社
北　京

个人与团队管理（第四版·下册）

Copyright © 2003 Worldwide Learning Limited and Higher Interactive Learning Limited. For sale in the People's Republic of China only. Without permission of the copyright holders, no one may duplicate or copy any of the contents of this publication. Higher Interactive Learning Limited has commissioned Central Radio and TV University Press to publish and distribute the book in Chinese in China.

版权所有© 2003 环球教育公司和天向互动科技有限公司。仅限中华人民共和国境内出售。未经版权人许可，任何人不得以任何方式复制或抄袭本书的任何内容。本书简体中文版由天向互动科技有限公司授权中央广播电视大学出版社在中国境内出版发行。

北京市版权局著作权合同登记号　图字：01-2003-5913

版权所有，翻印必究。
本书封面右下角处贴有天向互动教育中心防伪标签，无标签者不得销售。

图书在版编目（CIP）数据

个人与团队管理. 下册 /（英）凯伦·霍尔默斯
(Karen Holems) 等著；天向互动教育中心编译. --4 版
. --北京：国家开放大学出版社，2021.1（2023.1 重印）
　　ISBN 978－7－304－10620－1

　　Ⅰ. ①个… Ⅱ. ①凯…②天… Ⅲ. ①企业管理—组织管理学 Ⅳ. ①F272.9

中国版本图书馆 CIP 数据核字（2020）第 257524 号

书　　名：个人与团队管理（第四版·下册）	
GEREN YU TUANDUI GUANLI	
著 译 者：[英] Karen Holems　Corinne Leech 等著	天向互动教育中心编译
出 版 者：国家开放大学出版社（原中央广播电视大学出版社）	清华大学出版社
地　　址：北京市海淀区西四环中路 45 号	北京清华大学学研大厦
邮　　编：100039	100084
网　　址：http://www.crtvup.com.cn	http://www.tup.com.cn
策划编辑：于　洋	责任编辑：于　洋
封面设计：吴文越	责任校对：冯　欢
版式设计：天向互动教育中心	责任印制：武　鹏　马　严
印 刷 者：河北鑫兆源印刷有限公司	
发 行 者：新华书店北京发行所	
开　　本：185 mm×230 mm	印张：14.25　　字数：288 千字
版　　次：2021 年 1 月第 4 版	印次：2023 年 1 月第 6 次印刷
印　　数：219001～243000	
书　　号：ISBN 978－7－304－10620－1	
定　　价：32.00 元	
意见及建议：OUCP_KFJY@ouchn.edu.cn	

教材编审委员会

主任委员

　　赵履宽　　陈　宇　　李林曙

副主任委员

　　刘　臣　　李家强　　杨孝堂　　金　丹

委　　员（以下排名不分先后，以姓氏笔画排列）

　　丁　岭　　毛佳飞　　甘仞初　　艾大力　　古小华
　　帅志清　　叶志宏　　朱　枫　　任　岩　　刘志敏
　　安鸿章　　孙永波　　孙庆武　　孙美春　　杨军毅
　　何赵萍　　张守生　　陈　敏　　陈　鲲　　赵菊强
　　徐　晨　　徐　斌　　徐学军　　徐培忠　　常玉轩
　　舒华英　　甄源泰　　蔡鸿程

编审译人员（以下排名不分先后，以姓氏笔画排列）

　　于慧鑫　　王　妍　　王　娟　　亓凌燕　　代　姝
　　吕　慧　　毕普云　　李　亚　　李孟芒　　张　昕
　　周　畅　　倪志春　　康　佳

序　谈谈通用管理能力

培训创造机会、能力改变命运。能力培养和训练的重要性，现在无论怎么强调也不过分，而且已经成了吾国、吾土、吾官、吾民之共识。

今天更重要的问题反倒是：我们需要培训什么？学习什么？增长什么样的才干？获得什么样的能力？如果选准方向，则事半功倍，反之则有可能事倍而功半。

作为对这个问题的回答，1998年，中华人民共和国劳动和社会保障部（2008年与中华人民共和国人事部整合为中华人民共和国人力资源和社会保障部）部级课题"国家技能振兴战略"[①] 首次把人的能力分成了三个层次：职业特定能力、行业通用能力和核心能力。

如图所示，在每一个具体的职业、工种和岗位上，都会存在一定数量的特定能力。从总量上看，它们是最多的，但是从适用范围看，它们又是最狭窄的。对每一个领域或行业来说，都存在着一定数量的通用能力。从数量看，它们显然比特定能力少得多，但是它们的适用范围涵盖整个行业领域。而就更大范围而言，还存在着少量从事任何职业或行业工作都需要的、具有普遍适用性的技能，这就是核心能力。

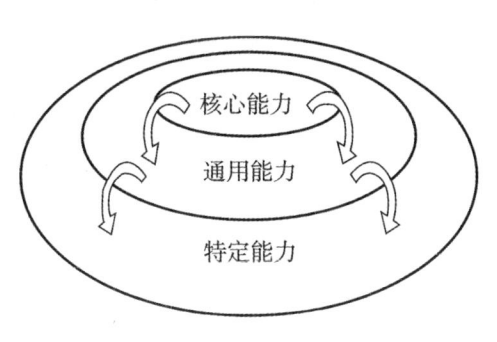

能力分层体系

长期以来，我国职业教育培训活动和职业资格认证制度把自己的工作重心集中于职业

[①] 中华人民共和国原劳动和社会保障部部级课题"国家技能振兴战略"于1998年9月28日通过部级评审鉴定。该课题主报告未正式出版，其主要内容可见（陈宇．走向世界技能强国．北京：中国长城出版社，2001．）中的同名文章。

特定能力，为数以百计的职业（或工种）制定了国家标准，在近千个职业（或工种）领域开展了职业技能鉴定工作[①]。这些工作对于推进我国职业教育培训和职业资格认证制度建设有重大影响和意义。但是，在过去的一段时间里，整个社会对通用能力与核心能力有所忽视。

实际上，通用能力与核心能力的应用范围，要远宽于职业特定能力，它们是相同或相近职业群中体现出来的、具有共性的技能和知识要求。因此，它们往往是人们职业生涯中更重要的、最基本的技能，也具有更普遍的适用性和更广泛的迁移性。开发和培育劳动者（或后备劳动者）的通用能力与核心能力，能为他们提供更广泛的终身从业和终身发展的能力基础，其影响和意义极其深远。

近年来，我国在通用能力和核心能力的研究和开发方面取得了可喜的成果。通用管理能力的推出，是我国在核心能力研究和开发取得重要成果后，在分层次能力研究和开发方面取得的又一个重要突破。

管理领域的特征和共性鲜明，人们对管理人才和管理能力的社会需求又特别强烈。因此，选择管理领域作为开发通用能力的实验场所是非常适当的。

管理领域已经有了很多的职业特定能力的标准、考试和证书，如营销师、会计师、统计师、物业管理师、人力资源管理师、企业信息管理师等[②]。然而，在管理领域有没有超越这些具体的特定知识和技能的通用性知识和技能呢？有没有一切管理者都应当共同具备的能力和才干呢？答案显然是肯定的。2002年，中华人民共和国就业培训技术指导中心、劳动和社会保障部职业技能鉴定中心组织各界专家力量[③]，参照国外先进标准[④]，制定了我国第一个通用管理能力标准，把通用管理能力归纳成四种主要功能模块（自我发展管理，团队建设管理，资源使用管理，运营绩效管理）和两个层次（基础级和综合级）。现在，用于通用管理能力培训和认证的第一批教材和课程已经开发成功，正式面世。关于通用管理能力的评估、考核和测试的工作也在积极准备中。这是一个开创性的尝试，是非常有意义的理论和实践创新。

---

① 2020年，国家发布的职业资格已发生变化。
② 2020年，人力资源和社会保障部统一鉴定的项目已发生变化。
③ 许多专家和专业组织为这项工作的开展做出了努力，特别是北京天向互动教育中心作为通用管理能力开发的主要技术支持单位做出了重要贡献。
④ 我国通用管理能力的开发，借鉴了国外先进理念、技术和方法，特别是新闻集团TSL教育公司为本项目提供了重要资源帮助。

众所周知，通用管理能力的概念，在全球范围内提出的时间并不长，尽管各国都在进行相关研究，但是，在通用管理能力的内涵、范围、种类和影响等一系列基础性问题上，现在还没有完全统一的意见。况且管理本身既是严谨的科学，又是迷人的艺术：作为科学，它有自身的规范；作为艺术，它又无常法可循。无疑，我们今天提出的标准、编撰的教材、开发的课程都需要经受检验，都将不断改进、不断发展。实践是检验真理的唯一标准。中国的通用管理能力的培训认证只能走和中国管理实践活动紧密结合的道路；它们的成功与否也将唯一地取决于中国的管理实践。

坚冰已经消融，道路已经开通，中国的通用管理能力开发迈出了自己坚实的第一步。我们相信它将为我国管理人才的培养，企业效率的增长以及整个国民素质的提高做出自己独特的贡献。

陈　宇　教授
原中国就业培训技术指导中心主任
原劳动和社会保障部职业技能鉴定中心主任

前　　言

一、项目介绍

现代社会中，个人的综合能力和素质是一个人职业生涯发展的基石，决定其一生成就的高低。为了适应现代社会高效率、多元化特点，从业者的职业生涯发展需要从强调单纯的工作技能，即"一专"，转变为全面提升个人的综合能力素质，即"多能"。这个"多能"，必须能通用于不同职业，必须能适应现代社会从业者面对的多变的社会环境和频繁的工作变换。通用管理能力，作为一种超越于某个具体职业与行业（如市场营销、人力资源等）特定知识和技能的，在不同职业群体中体现出来的，具有共性的管理技能和管理知识，由此应运而生，并日益受到社会的重视。具备通用管理能力的通用型人才，也日益为国内外企事业单位所青睐。

在职业活动中，具备通用管理能力的人才必须能够有效地设计达到目标的步骤，有效地规划自我活动和团队活动，有效地控制自我行为与调控团队行为，有效地组织和调动各类可控资源，有效地与团队一起成长并带领团队腾飞。无论你是普通职员，还是经验丰富的职业经理人；无论你埋头于具体事务，还是在政府或大型企业中使用和调动各种资源，都需要具备一定的管理知识和管理能力，掌握一定的管理技能和管理方法，并结合自身专业能力的不断提升，来实现个人的职业发展。

2002 年，由中华人民共和国劳动和社会保障部（2008 年与中华人民共和国人事部整合为中华人民共和国人力资源和社会保障部）职业技能鉴定中心组织、天向互动教育中心从具有全球影响力的新闻集团 TSL 教育公司引进并整合开发的通用管理能力课程体系，便是这样一个适应现代社会职业发展与人才培养需求的有效工具。

该课程体系融合西方最先进的管理理念，经过众多著名跨国公司的管理实践而得以改进与完善，为大量国外一流公司和大学所采用，是打造应用型职业经理人和增强职场竞争力的最有效工具。在保留原课程体系精粹的基础上，国内数十位管理学专家、学者与一线管理人员对原课程进行了精心的本土化改造。改造后的课程体系充分考虑了中国的管理实情与需求，是中国管理界迄今为止最为系统、最具实践指导意义的管理培训课程。同时，它采用了国际上先进的互动式、情景式、案例式和训练式的教学方法，真正实现了理念先进性和操作实用性的完美结合。

在此基础上，中华人民共和国劳动和社会保障部职业技能鉴定中心出台了国内第一个以管理水平为导向的从业者管理技能标准，正式将通用管理能力纳入管理培训认证体系。这套认证体系的推出，为我国各行业的广大从业者和准就业人群提供了一个全面学习基础管理知识和技能、提高职业素质和就业能力的机会，以使他们能够成为国家行业发展中所需要的具有通用管理能力的人才，有助于提升中国企事业单位管理层的管理能力与管理素质，培养并发展中国的高素质职业管理团队。

在本课程体系的编译过程中，中华人民共和国劳动和社会保障部职业技能鉴定中心、中央广播电视大学（已于2012年7月31日正式更名为"国家开放大学"）、中央广播电视大学出版社（已更名为国家开放大学出版社）、清华大学出版社、天向互动教育中心和通用管理能力教材编审委员会的人员付出了大量的心血，许多国内外管理教育学者、专家给予了悉心指导和热情帮助，限于篇幅，不能一一列出。在此，我们谨对所有关心和支持通用管理能力课程体系的各界人士表示由衷的感谢！

二、内容结构

《个人与团队管理》（第四版）（上、下册）是根据《通用管理能力教学大纲》的要求编制而成，上册由清华大学出版社出版，下册由国家开放大学出版社出版。本套教材内容充实，在正文阐述的基础上，按照知识点逻辑，配有案例、训练、测评等内容，可读性强，兼有知识性和实用性。行文逻辑与单元思维导图相对应，通过学习目标、学习指南、关键术语与本章小结、思考与练习等要素前后呼应，有头有尾，形成完整的知识结构链，为学习与应用提供明确的导引。

在第三版教材的基础上，第四版教材做了如下改进：第一，梳理了单元考核知识点，形成了思维导图；第二，加入了"延伸与拓展"元素；第三，更新了案例；第四，加入了二维码，扫码可观看单元简介、视频课程及答案要点。

本书是《个人与团队管理》（第四版）的下册，由团队建设、团队学习、实现目标、团队激励和团队领导五个学习单元组成。

《个人与团队管理》（第四版）下册主要讨论团队建设和团队领导方面的问题。通用管理能力最终的目的是帮助管理者更快速、更有效地实现团队的目标。对此，管理者首先需要了解团队的概念，帮助团队成员学习和发展，促使团队成员共同合作以实现团队的目标。其中最重要的是：管理者必须掌握激励团队成员的方法，掌握领导团队成员的技能。

团队管理的基础是掌握关于团队的基本理论和概念。"第Ⅵ单元 团队建设"将帮助管理者了解团队建设的基本知识，从内部和外部去了解团队，认识团队成员在团队中扮演的角色。在熟悉和掌握团队角色之后，管理者能够维护并提高团队的整体水平。只有掌握了这些关于团队的基本知识后，管理者才能有效地提高管理团队的能力。

只有通过学习，团队才可以得到发展。"第Ⅶ单元 团队学习"讲的是管理者应该如何促进团队学习。团队的学习实际上是团队成员学习的综合体现，所以团队成员的学习及发展直接关系到团队的发展。除了团队成员通过自发的学习掌握一定的知识和技能之外，管理者还要积极地支持和鼓励团队成员的学习和培训，创造各种有利条件，提供更为实际的学习和培训机会，让团队成员更系统地学习，让学习到的内容更实用。通过系统而有计划的学习，团队成员能够得到发展，从而提高团队工作的能力。

管理者掌握团队管理能力的根本目的是为了实现团队目标，而团队建设和团队学习是实现团队目标的基础。为了实现团队目标，管理者首先必须学会如何确定团队目标，并按照实际情况制订切实可行的计划，然后需要弄清楚怎样才能顺利地执行实现团队目标的计划。通过"第Ⅷ单元 实现目标"的学习，管理者能够更加有效地在工作中帮助团队成员实现目标，完成任务。

团队建设和目标实现需要团队成员高度的投入。作为管理者，则需要掌握激励团队成员的方法。"第Ⅸ单元 团队激励"将讨论一些经典的绩效激励理论，并讨论管理者如何结合实际工作运用这些激励理论。通过本单元的学习，管理者能够提高自己对激励的认识，掌握激励的方法及技巧。通过在实际管理工作中运用这些技巧，管理者将能够顺利完成团队任务，提升团队的价值。

合格的管理者必须具备一定的团队领导素质，必须是一个具有良好团队领导力的人，也必须是一定能力与品质的结合体，还必须掌握一定的领导技能和领导方式。优秀的管理者应该学会如何在团队中营造信任的氛围，并进行合理的授权。"第Ⅹ单元 团队领导"能够帮助管理者有效提高领导他人的能力。

三、资源特点

本课程的教学资源包括：文字教材、视频课程、期末复习指导及形成性考核和远程在线学习资源。各个教学资源相辅相成，由知识点串联，逻辑清晰，针对性强。

文字教材是本课程的主要教学媒体，学习的主要内容来源于文字教材。文字教材内容充实，既有一般阐述，又有案例引导，还有训练与练习，可读性强，兼有知识性和实用性。文字教材中引用的一些案例对学习者学习和理解课程内容有很大的帮助。文字教材使学生能够系统地掌握实用的管理知识和技能，并有机会在实践中加以练习与运用，将知识、技能、能力科学地衔接起来。

视频课程是本课程多媒体教学资源的重要组成部分。视频课程和文字教材既相互联系又互为补充。专题的内容基于文字教材，但又突破了文字教材的局限，有助于学习者开拓思路。

本课程还设计了期末复习指导及形成性考核用于指导学习者自主学习。其内容包括学习方法、学习步骤、练习题、模拟题和实践与实训的样题分析，以帮助学习者尽快了解本课程的主要内容，有的放矢地进行学习，从而获得最佳的学习效果。

此外，本课程在"国开学习网"上设置了视频专区，学习者可以在互联网上直接观看一些教学录像。同时，本课程还设置了网上讨论区，不管是教师还是学习者都可以在讨论区发言、讨论，进行学习交流。

四、学习导航

本课程体系的最大特色是提供了大量的应用指导和练习，这些内容有助于学习者将管理的概念和知识应用于实践。

课程中的训练活动多种多样、形式各异。有些训练活动以日常工作为基础，需要学习者将理论应用到实际工作中去；还有一些训练活动要求学习者将管理概念应用到案例研究中去；另外一些训练活动则要求学习者对新概念加以思考，检查自己对新概念的理解是否正确，或者对这些新概念应用于具体环境时的可行性加以评估。这些活动还将为学习者提供在"安全环境"（培训模拟环境）中应用各种管理技术的宝贵机会。

考虑到本课程体系自身的特点，为了让学习者快速地掌握整套书的结构和内容，我们专门设置了学习导航，指导学习者阅读和学习。

前　　言：概括了本书的篇章结构、内容顺序及相互之间的联系，帮助学习者掌握全书的知识脉络。

单元简介：概括每一个单元的主要内容，明确本单元讨论的主题。

思维导图：按照单元－章－节－考核知识点的结构，展示了清晰的行文逻辑。

学习目标：列在每一章的最前面，指明该章节中的知识和需要掌握的程度。

学习指南：指导学习者了解每一章的主要内容。

关键术语：提示每一章的关键点，帮助学习者把握学习重点。

正　　文：按照学习目标，展开的关于理论、方法、技巧等知识的详细论述。

步骤与方法：针对重要的知识点，给出在日常管理活动中常用的工具、方法和技术手段。

训练与练习：紧密结合上下文的知识点，通过思考及训练，解决实际问题，帮助学习者进一步理解并掌握书中的内容。

案例与讨论：给出与正文内容相关的案例，引导学习者进行讨论，然后解决案例中的实际问题，并给出指导和总结。

评测与评估：针对知识点进行测评，一般以选择题方式进行。这种评测可以帮助学习者在学习中对自己的能力做出评估。

延伸与拓展：为了使学习者更深层次地了解相关知识技能，加入经典理论和学科前沿知识介绍。

本章小结：对每个章节的内容进行回顾，强调知识点中的重点和难点。

思考与练习：学完每一章节的内容后，学习者可以验证自己对知识点的理解程度，找出没有理解的知识要点，以便更好地掌握所学知识。

实践与实训：综合单元内容，将学过的管理工具及解决方法模拟应用于工作或生活中。

单元测试：按单元进行自我测试，可以帮助学习者对学习效果做出一个初步的判断，以便进行下一步的学习。

学习网站：http：//www.ouchn.cn。

通用管理能力教材编审委员会
2020 年 10 月

目　录

第VI单元　团队建设 ……………………………………………………（1）

第17章　团队概述 ………………………………………………………（3）
17.1　团队基本知识 …………………………………………………（3）
17.2　优秀团队的特征 ………………………………………………（6）
17.3　团队发展的阶段和方法 ………………………………………（9）
本章小结 ………………………………………………………………（14）
思考与练习 ……………………………………………………………（14）

第18章　团队内部建设 …………………………………………………（15）
18.1　团队角色安排 …………………………………………………（15）
18.2　团队问题产生的原因与解决方法 ……………………………（18）
18.3　维护团队的共同意识 …………………………………………（28）
18.4　团队决策 ………………………………………………………（30）
本章小结 ………………………………………………………………（36）
思考与练习 ……………………………………………………………（36）

第19章　团队外部关系 …………………………………………………（37）
19.1　团队之间的联系与期望 ………………………………………（37）
19.2　团队之间融洽相处 ……………………………………………（39）
19.3　团队之间的冲突处理 …………………………………………（41）
本章小结 ………………………………………………………………（43）
思考与练习 ……………………………………………………………（44）

实践与实训 …………………………………………………………………（45）
单元测试 ……………………………………………………………………（47）

第Ⅶ单元　团队学习 ……………………………………………………（49）

第 20 章　学习与发展 ………………………………………………（51）
20.1　学习与发展的区别 ……………………………………………（51）
20.2　发展目标 ………………………………………………………（53）
20.3　发展周期 ………………………………………………………（55）
本章小结 ………………………………………………………………（62）
思考与练习 ……………………………………………………………（62）

第 21 章　支持团队学习 ……………………………………………（63）
21.1　支持团队与个人的发展 ………………………………………（63）
21.2　支持经验学习 …………………………………………………（67）
本章小结 ………………………………………………………………（73）
思考与练习 ……………………………………………………………（73）

第 22 章　训练与培训 ………………………………………………（74）
22.1　训练与培训的区别 ……………………………………………（74）
22.2　训练的五个步骤 ………………………………………………（75）
22.3　培训的六个步骤 ………………………………………………（80）
本章小结 ………………………………………………………………（83）
思考与练习 ……………………………………………………………（83）

实践与实训 ………………………………………………………………（84）
单元测试 …………………………………………………………………（85）

第Ⅷ单元　实现目标 ……………………………………………………（89）

第 23 章　确定目标与制订计划 ……………………………………（91）
23.1　确定目标 ………………………………………………………（91）
23.2　制订计划 ………………………………………………………（95）
本章小结 ………………………………………………………………（105）
思考与练习 ……………………………………………………………（105）

第24章　监督、控制与支持 …………………………………………… (106)
　　24.1　反馈环 ……………………………………………………… (106)
　　24.2　监督 ………………………………………………………… (107)
　　24.3　控制 ………………………………………………………… (110)
　　24.4　支持 ………………………………………………………… (112)
　　本章小结 …………………………………………………………… (113)
　　思考与练习 ………………………………………………………… (113)
第25章　评估工作绩效 ………………………………………………… (114)
　　25.1　评估标准 …………………………………………………… (114)
　　25.2　反馈信息 …………………………………………………… (115)
　　25.3　工作评估 …………………………………………………… (117)
　　本章小结 …………………………………………………………… (120)
　　思考与练习 ………………………………………………………… (120)
实践与实训 ……………………………………………………………… (121)
单元测试 ………………………………………………………………… (122)

第Ⅸ单元　团队激励 …………………………………………………… (125)

第26章　激励理论 ……………………………………………………… (127)
　　26.1　需求层次理论 ……………………………………………… (127)
　　26.2　期望理论 …………………………………………………… (130)
　　26.3　双因素理论 ………………………………………………… (131)
　　26.4　激励理论的应用 …………………………………………… (133)
　　本章小结 …………………………………………………………… (134)
　　思考与练习 ………………………………………………………… (134)
第27章　激励技巧 ……………………………………………………… (135)
　　27.1　树立榜样 …………………………………………………… (135)
　　27.2　检查期望 …………………………………………………… (137)
　　27.3　支持型团队环境 …………………………………………… (139)
　　27.4　绩效激励 …………………………………………………… (146)

27.5　鼓励自我发展 ……………………………………………（148）
本章小结 ………………………………………………………（150）
思考与练习 ……………………………………………………（150）

第 28 章　全方位激励 ………………………………………（151）
28.1　工作本身与激励 …………………………………………（151）
28.2　工作条件与激励 …………………………………………（155）
28.3　组织文化与激励 …………………………………………（157）
本章小结 ………………………………………………………（159）
思考与练习 ……………………………………………………（159）

实践与实训 …………………………………………………………（160）
单元测试 ……………………………………………………………（161）

第 X 单元　团队领导 ……………………………………（165）

第 29 章　领导者的素质 ……………………………………（167）
29.1　领导者与管理者的区别 …………………………………（167）
29.2　领导者的能力 ……………………………………………（168）
29.3　领导者的品质 ……………………………………………（169）
29.4　领导者的任务 ……………………………………………（171）
本章小结 ………………………………………………………（176）
思考与练习 ……………………………………………………（176）

第 30 章　领导方式 …………………………………………（177）
30.1　领导方式的类型 …………………………………………（177）
30.2　领导方式的影响因素 ……………………………………（180）
30.3　领导方式的选择 …………………………………………（183）
本章小结 ………………………………………………………（185）
思考与练习 ……………………………………………………（185）

第 31 章　建立信任 …………………………………………（186）
31.1　信任的概念 ………………………………………………（186）
31.2　信任的标志 ………………………………………………（187）

31.3　信任的要点 …………………………………………………（189）
31.4　获取信任 ……………………………………………………（190）
本章小结 ……………………………………………………………（194）
思考与练习 …………………………………………………………（194）

第 32 章　领导授权 ……………………………………………（195）
32.1　授权的原因 …………………………………………………（195）
32.2　授权的步骤 …………………………………………………（197）
32.3　授权的过程 …………………………………………………（200）
本章小结 ……………………………………………………………（203）
思考与练习 …………………………………………………………（203）

实践与实训 ………………………………………………………（204）
单元测试 …………………………………………………………（206）

第 VI 单元　团队建设

你可以让你的团队实现腾飞——它所能实现的目标绝不是随随便便可以实现的。

但是，面对无所事事或者形同散沙的团队，你应该从何处下手呢？怎样才能培养成员之间的关系、解决团队产生的问题？怎样才能形成并维护团队的共同意识？怎样才能让你的团队与其他团队友好地合作？怎样才能将你的团队发展成一个优秀的团队？

团队内部、团队与团队之间会产生各种各样的问题，你只有把这些问题处理好，才能使团队健康、稳定地发展。你要确立大部分人都赞同的共同目标；你要运用简单、有效的方法把普通个体变成强有力的团队；你要在各种角色之间找到平衡点，并保证各种关系进展顺利；你要努力保持团队的一致性，并学会共同决策；你要妥善地解决冲突，使团队成员之间达成一致；你要把目光转向合作的其他团队……处理团队问题时，你需要掌握一些技巧，并在实践中积累经验。

本单元将为你介绍这些技巧。它可以帮助你分析和处理团队内部的问题、团队与团队之间的问题，帮助你进行团队建设，实现团队腾飞。

团队建设

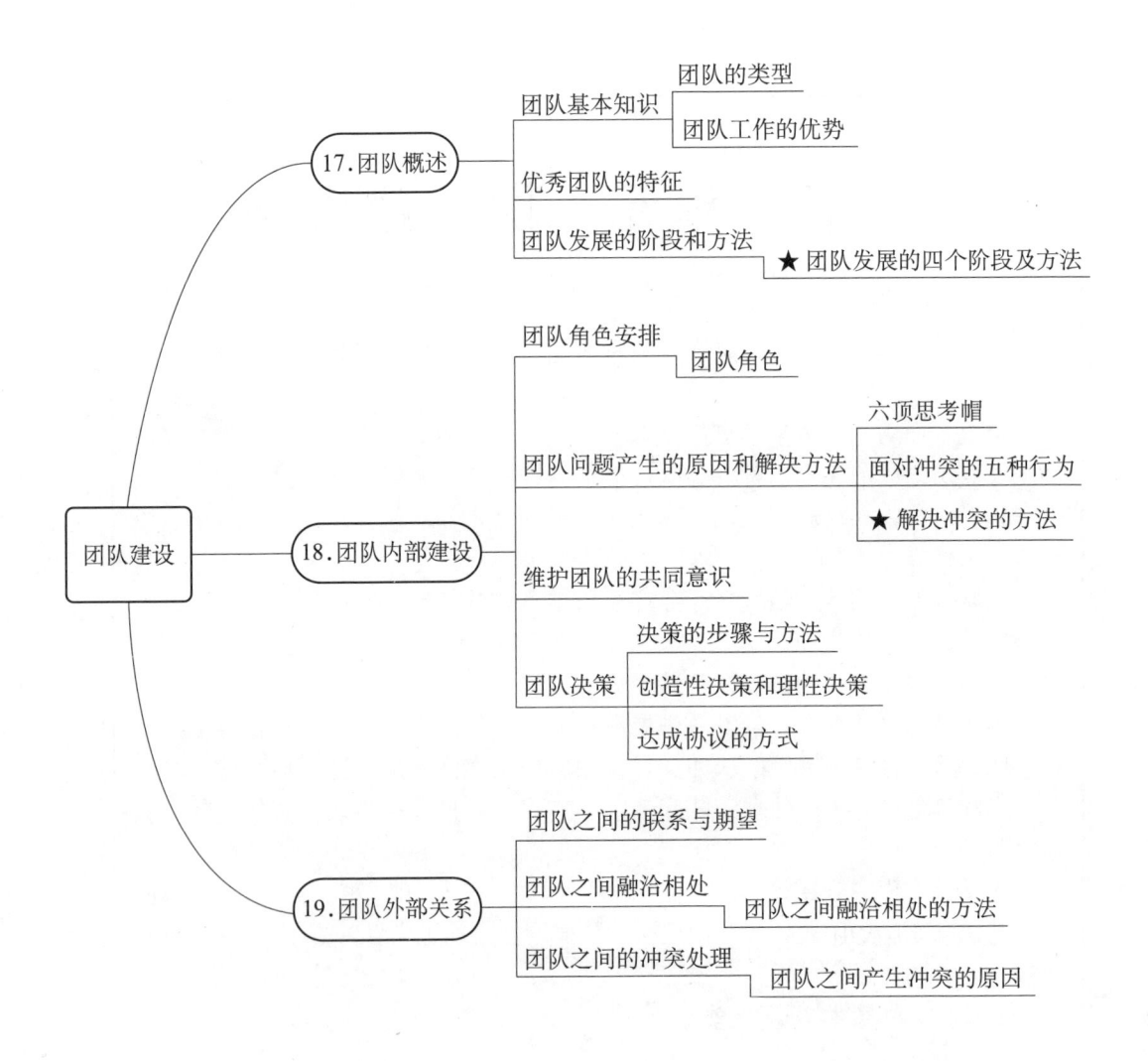

- **17. 团队概述**
  - 团队基本知识
    - 团队的类型
    - 团队工作的优势
  - 优秀团队的特征
  - 团队发展的阶段和方法
    - ★ 团队发展的四个阶段及方法

- **18. 团队内部建设**
  - 团队角色安排
    - 团队角色
  - 团队问题产生的原因和解决方法
    - 六顶思考帽
    - 面对冲突的五种行为
    - ★ 解决冲突的方法
  - 维护团队的共同意识
  - 团队决策
    - 决策的步骤与方法
    - 创造性决策和理性决策
    - 达成协议的方式

- **19. 团队外部关系**
  - 团队之间的联系与期望
  - 团队之间融洽相处
    - 团队之间融洽相处的方法
  - 团队之间的冲突处理
    - 团队之间产生冲突的原因

★代表本部分是案例重点考核内容。

扫描二维码，学习本单元概况

第 17 章　团队概述

学习目标
1. 了解团队的挑战与机遇；
2. 了解优秀团队的特征；
3. 掌握团队的类型；
4. 掌握团队工作的优势；
5. 重点掌握团队发展的四个阶段及其特征。

学习指南
团队广泛存在于组织和部门当中。团队的建立和成熟需要经历一定的过程，但是，这种过程不是自动的，而要经过有意识地发展。本章将帮助你对组织内的团队进行评估，确定团队目前处于哪个发展阶段，同时确定以什么样的方法和手段来培养团队。

关键术语
　　团队类型　团队工作优势　团队发展阶段　团队发展方法

17.1　团队基本知识

17.1.1　团队的基本要素和类型

在许多组织中，团队是完成工作的基本单位。大部分组织采用团队的方式来开展工作。

团队由若干成员组成，团队成员相互依赖，并为组织提供一定的工作成果。但是，并非共同工作或者联系紧密的人就可以组成团队。团队必须具备以下五个要素：

- 团队的存在是为了达到共同目标；
- 团队成员为了实现共同目标而相互依赖和合作；
- 团队具有约束力，而且在一定时期内保持稳定；
- 团队成员具有管理自己的工作和内部各种流程的权限；

○ 团队在一个更大范围的组织内运作，通常与其他团队相联系。

训练与练习　判断它们是否属于团队

问题：

结合上面所列的团队的五个要素，判断下面列举的这些是否属于团队：

(1) 龙舟队；
(2) 某公司为某个项目专门成立的销售小组；
(3) 旅游团；
(4) 火车站一个候车室内的乘客。

指导：

上面列举的 (1) 和 (2) 都具备了上述团队的五个特征，所以它们是真正意义上的团队；而 (3) 中的游客来自五湖四海，彼此间也没有相互合作和依赖的需要，不能称为团队；(4) 中的乘客没有共同努力的目标，甚至不具备上述任何一个条件，也不能称为团队。

团队有多种类型，具体如表 17-1 所示。

表 17-1　团队的类型

分类标准	类　型	特　点
领导方式	有明确领导的团队	有正式的团队领导
	自我管理型团队	自我管理，无正式的团队领导
工作方式	日常工作团队	处理日常工作
	项目团队或特别工作团队	从事一次性项目、完成项目团队解散
	质量团队	生产优质产品，提供优质服务
组成人员	供销团队	包括消费者和供应商
交流方式	虚拟团队或电子团队	电子交流，很少面对面交流

一个团队可能属于多个类型，例如，某个团队可能属于虚拟团队、质量团队或自我管理团队、项目团队。下面的评测与评估要求你评估自己所在团队的类型。

评测与评估　团队类型

指导：

作为团队成员或领导，你所在的团队属于什么类型？完成表 17-2。

第17章 团队概述

表 17-2 团队的类型

是	特征	否
	是否有正式的团队领导	
	是否处理日常工作	
	是否提供优质服务	
	是否包括消费者和供应商	
	是否采用电子交流	

总结：

根据表 17-1 和表 17-2，我们可以得出你所在团队的类型。你所在的团队如果有正式的团队领导，则为领导型团队，反之则为自我管理型团队；若是处理日常工作，则为日常工作团队，反之则为项目团队；若是提供优质服务，则为质量团队；若是包括消费者和供应商，则为供销团队；若是经常采用电子交流，则为虚拟或电子团队。

你只有了解自己所在团队的类型，才能更好地开展团队工作。

17.1.2 团队的挑战与机遇

不同的团队有不同的工作模式。轮班工作制、兼职工作制、弹性上班制、家庭计件工作制，以及远程工作制等工作模式为团队带来多种挑战。这些挑战使得团队成员之间很难相互了解，也使得团队很难举行定期会议。例如，团队成员在不同地点工作，举行团队会议既费时又不经济；而在有些工作模式下，即使团队成员在一起也很难进行交流，如客户呼叫中心的员工虽然并排坐着工作，但是，工作性质和压力使他们的交流机会很少，他们的团队会议只能在休息时间举行。

从积极的方面看，很多技术为新的工作模式提供了便利。比如，电子信息技术的快速发展使得团队成员可以随时进行交流，网络会议可以使异地的团队成员不必聚集到一起就能召开团队会议。

虽然，这些技术有其自身的优点，解决了部分由工作模式的多样性带来的团队问题，但是，团队成员仍然需要进一步地相互了解和沟通，才能够更好地完成团队的工作。下面的训练与练习可以帮助你思考团队面临的挑战和机遇。

训练与练习　团队面临的挑战与机遇

问题：

你所在的团队面临哪些挑战与机遇？

总结：

技术的发展和工作模式的变化给团队带来了很多不确定因素；今天的团队必须能够充分利用各种机遇，才能顺利完成团队的各种任务。成功的团队必须能够抓住机遇，迎接挑战。

17.1.3　团队工作的优势

团队成员在面临挑战时能够相互交流，互相帮助，弥补彼此的不足。这样，团队才能具有较强的战斗力，团队工作的优势才能得以体现。

相对于个人工作来说，团队工作的优势主要体现在以下几个方面：

- 协作——团队成员具有共同的目标，一个真正的团队能够完成的工作并不是团队成员各自工作的简单叠加；
- 提高效率——随着团队找到最有效的工作方式，工作效率必将提高；
- 增强团队使命感——随着团队的成熟，团队成员具有更强的使命感并能相互约束；
- 充分发挥成员的技术与技能——能够安排团队成员做他们擅长的工作；
- 合理决策——更多的人参与讨论并发表意见；
- 能较灵活地适应环境的变化——与个人的工作方式相比，团队的工作方式能更好地应对变化；
- 加强工作的整体协调性——不同成员互相配合完成工作。

上面列举了团队工作的优势，下面的训练与练习要求你联系自己的工作实际，思考你所在团队的优势。

训练与练习　团队工作的优势

问题：

- 团队工作具有哪些优势？你认为还有哪些优势在上文中没有列举出来？
- 你所在的团队具有哪些优势？
- 作为团队领导或团队成员，你的优势在哪里？
- 其他团队成员有哪些优势？

总结：

明确团队的优势，就可以更好地发挥各个成员的作用，帮助团队成员更好地迎接挑战。

17.2　优秀团队的特征

美国著名团队管理学家卡岑巴赫·史密斯（Katzenbach Smith）认为，所谓团队，是一群具有互补技能、致力于共同目标而一起工作的人员所构成的集体。优秀的团队具有一些共同的特征，下面将对优秀团队的特征进行具体阐述。

1. 目标明确

优秀团队的团体成员清楚他们要达到的目标，所有的团队成员致力于实现团队的目标。如果目标是由团队成员共同参与制定的，则团队成员具有更强的责任感。作为团队领导，其主要任务是提醒团队成员时刻牢记目标并为实现目标而努力。

2. 技能与经验广泛

优秀团队能够利用多种多样的技能完成工作。优秀团队一般拥有具有多种类型的团队成员，如思想活跃的成员、积极进取的成员、吃苦耐劳的成员等。这些角色的互补与协作有助于团队实现自身功能，完成工作任务。

3. 相互信任与支持

在优秀团队中，相互信任的氛围十分浓厚。正因为如此，团队成员才会全身心地参与工作并相互支持，从而实现团队目标。

4. 交流公开

优秀团队具备公开的交流机制，每个团队成员都能随时获得自己需要的信息，彼此间的想法和意见能够得到充分的交流。

5. 合理利用冲突

优秀团队十分重视出现的冲突，并能够以积极的态度对待和利用这些冲突。

6. 程序透明

优秀团队的团队成员对团队工作方式非常清楚，且团队工作中的信息和程序是可以公开的。

7. 定期检查

优秀团队会定期举行自我检查以对目标的实现情况进行校正，从失误中吸取教训。

上面总结了优秀团队的特征。下面的评测与评估要求你从各方面对自己的团队进行评价，看看自己的团队是否具备优秀团队的特征。

评测与评估　团队评估

指导：

你所在的团队是否具备了优秀团队的特征？根据表17-3，对你所在团队进行评分。

表17-3　对团队的评价

优秀的团队	评价分数	需要提高的团队
目标/目的明确		
团队有明确的目标	1　2　3　4　5	团队的目标不是很明确

续表

优秀的团队	评价分数	需要提高的团队
团队成员能说出团队的目标是什么	1 2 3 4 5	团队成员不能说出团队的目标是什么
团队成员致力于为团队的目标奋斗	1 2 3 4 5	团队成员并不关心团队的目标
技能与经验		
团队成员有足够的工作技能来完成工作	1 2 3 4 5	团队成员缺少完成这项工作所需要的技能
团队成员在工作中扮演各种角色	1 2 3 4 5	团队缺少工作所需要的各种角色
团队成员的工作技能得到充分发挥	1 2 3 4 5	团队成员的工作技能尚未发挥出来
信任与支持		
团队成员之间相互尊重	1 2 3 4 5	团队成员的观点可能被嘲笑,也可能无人理睬
团队成员积极参加讨论	1 2 3 4 5	有些团队成员支配讨论,有些团队成员漠不关心
团队成员之间互相支持	1 2 3 4 5	团队成员只关心自己
公开交流		
团队成员拥有他们需要的信息	1 2 3 4 5	团队成员经常缺乏信息
团队的交流比较公开	1 2 3 4 5	有些团队的交流秘密进行,不为人知
团队成员能够真正做到相互倾听	1 2 3 4 5	倾听的时候,团队成员更多的是在想下一步自己说些什么
合理利用冲突		
出现冲突时,团队成员勇于承认	1 2 3 4 5	团队成员总是尽量避免和回避冲突
团队成员积极利用冲突	1 2 3 4 5	团队成员把冲突看作负面而且有害的
团队成员之间不隐瞒冲突	1 2 3 4 5	团队成员忽视或掩盖冲突
程序透明		
为日常工作安排办事程序,如会议、讨论、解决问题、决策等	1 2 3 4 5	在问题发生时解决问题,没有特定的程序
使用大家都能够接受的工作方法和工作程序	1 2 3 4 5	在工作过程中才思考如何工作
花一些时间思考如何提高效率	1 2 3 4 5	仅仅满足于把工作完成

续表

优秀的团队	评价分数	需要提高的团队
定期检查		
定期检查工作进程	1 2 3 4 5	很少检查工作进程
定期检查团队的工作情况	1 2 3 4 5	很少检查团队的工作情况
把困难和错误看作学习机会	1 2 3 4 5	困难和错误导致痛苦

检查你的分数。如果你的分数很低，说明你所在的团队比较优秀。相反，高分说明你所在的团队有待改进，只有提高团队的工作能力，才能使你所在的团队成为优秀团队。看看在所有的评价中，你的团队在哪些方面表现较好，在哪些方面有待改进，然后完成表17-4。

优秀团队的特征并非只有以上几个方面。因此，如果你所在的团队有表现较好或者需要改进的其他方面，可以将它填写在表17-4的"其他特征"一行。

表17-4 优秀团队的特征

优秀团队的特征	表现较好	需要改进
目标/目的		
技能与经验		
信任与支持		
公开交流		
合理利用冲突		
程序透明		
定期检查		
其他特征		

总结：
通过评估，你可以更加了解自己团队的优势与劣势，从而更好地帮助团队完成任务。

17.3 团队发展的阶段和方法

17.3.1 团队发展的阶段

团队通常需要经历一系列的发展阶段才能成长起来。以下是团队发展的四个阶段。

1. 形成阶段

在这个阶段，团队成员刚刚聚集到一起，迫切地想知道他们的工作任务是什么。他们会思考一些问题，例如，我们到这里要做什么、该怎么做。当面对突发情况时，有的成员会十分焦虑或局促不安。在这一阶段，团队成员之间的信任程度较低（除非团队成员原来就相互认识和了解）。这一阶段团队成员进行的活动主要是交流思想和收集信息。

2. 波动阶段

在这一阶段，团队成员从互相交流信息转向拥有共同目标，他们之间可能会出现意见不一、产生矛盾或陷入冲突的状况。这是一个充满竞争且积极向上的阶段。如果处理得当，这一阶段将富有创造性。

3. 规范化阶段

在这一阶段，团队成员需要相互配合来达到目标，也就是说他们要为工作制定准则和程序。当团队成员理解了各自的工作任务并相互信任后，团队就开始和谐发展。团队成员感到自己是团队的一部分，并意识到接受他人的观点有助于更好地完成任务。

4. 成熟阶段

在成熟阶段，团队成员在一种公开、信任的氛围中工作。在这种氛围中，灵活性至关重要。在本阶段，团队工作顺利开展并取得一定的成功。团队成员之间能够相互理解并领悟工作的实质。他们会受到鼓舞，并努力实现目标。团队主要致力于完成工作任务。

团队发展的四个阶段只是一个理想模型。现实情况会和该模型存在一定的差异。各阶段之间可能没有明显的分界线，团队可能会在这些阶段之间波动，也可能会来回波动，例如，有些团队在波动阶段之前就进入了规范化阶段，而另外一些团队在规范化阶段后再次回到波动阶段。

案例与讨论　主管的烦恼

小玲因业绩突出被任命为其所在集团某分公司的区域经理及培训学校校长，负责管理5名老师和8名业务员。当时情况较为紧急，小玲未经过任何培训就走马上任了。上任后，她立即着手打造一支高效的团队。但是，24岁的她并没有管理经验，成为经理不到三个月就表现得与团队格格不入。据员工反馈，她试图掌控每个人的销售情况及学校管理的每一个环节，甚至会亲自处理学校后勤的柴米油盐、卫生打扫等小事。这使得她所管理的老师及业务人员极为清闲，工作缺乏热情，成员士气十分低落。小玲的下属抱怨说，她每次开会都抓不到重点，同样的问题重复多次，对下属未做好的工作，总是批评抱怨，从来不会表扬下属的优点、成绩与进步，在工作之余也从来不主动与下属进行沟通交流。小玲本人也感觉在分公司工作非常疲惫，找不到当团队主管的乐趣，为此感到非常痛苦。

问题：

案例中的团队处于发展的哪个阶段？

总结：

从案例中可以看出，团队比较接近形成阶段。在这个阶段，团队成员刚刚聚集到一起，每个人都迫切地想知道他们的工作任务是什么。

下面的训练与练习要求你思考团队发展所处阶段的问题。

训练与练习　团队发展的阶段

问题：

选择你遇到的三个团队，并思考这些团队分别处在哪个发展阶段，完成表17-5。

表17-5　团队发展的阶段

序号	团　　队	发展阶段	特　　点
1			
2			
3			

总结：

根据团队的实际情况，对照前面所学的团队发展的四个阶段，你就可以做出准确的判断。一般来说，在团队发展的各个阶段中，团队成员的表现不同：形成阶段——成员彬彬有礼，但无法相互信任；波动阶段——成员相互考验；规范化阶段——成员尊重他人；成熟阶段——成员公开、信任、具有灵活性。

根据团队成员的表现，你可以更好地做出判断，然后培养并发展你的团队。

17.3.2　团队发展的方法

确定了团队所处的阶段，我们就需要采用一定的方法使团队早日成熟。在决定团队发展的方法之前，我们需要对团队有一个清楚的认识，明确团队目前所处的阶段，并了解团队发展的每个阶段可能发生的事。在此基础上，我们才能找到促进团队发展的方法。

三环领导力模型（我们在上册4.3.4"任务、团队和个人之间的平衡"中已经学习）

是帮助我们确定团队发展方法的基础。任务需要、团队需要和个人需要三方平衡的情况如图 17-1 所示。但是，不同阶段需要注重的领导行为不同。换句话说，在不同的阶段，任务需要、团队需要和个人需要三方所占的比重不同。因此，在不同的阶段，团队领导需要注重不同的角色和任务。

图 17-1 任务需要、团队需要和个人需要（三方平衡的情况）

步骤与方法　不同阶段的团队发展方法

1. 形成阶段的团队发展方法

如图 17-2 所示，在形成阶段，个人需要所占比重很高——团队成员需要确定各自的工作任务是什么，确定别人是如何评价自己的。因此，团队领导需要多用些精力认识每个成员，并就将发生的事与他们沟通。

在形成阶段，团队需要所占比重中等——团队还在探索发展方式和操作方式。此时的团队领导需要通过自由讨论、召开会议等活动来帮助团队成员相互认识和了解，以便团队成员在工作中建立信任并进行合作。

在形成阶段，任务需要所占比重很低——只有在群体成为团队之后才能真正开始解决工作中的问题、完成工作任务。但是，在这一阶段，团队领导可以向团队成员介绍自己的观点，回答"我们要做什么"的问题。虽然这一阶段的主要问题不是任务需求的问题，但是，任务需求的问题也需要慢慢得以推动。

2. 波动阶段的团队发展方法

如图 17-3 所示，在波动阶段，个人需要所占比重仍然较高，因此，团队领队必须继续满足个人需要，使团队成员安心。

随着成员提出不同的问题，例如，应该做什么、应该如何协作等，团队需要所占比重逐渐提高。这时要注意特定问题的信号，并避免少数几个人在群体中占据绝对优势，否则，会导致其他成员的个人需求被忽视。随着冲突的产生，把冲突公开并帮助团队成员解决冲突这项工作变得越来越重要。

任务需要在此阶段所占比重仍然较低，因为此时团队仍处在发展过程中。团队领导需要把任务看作推动团队发展并解决波动问题的工具。

图 17-2　任务需要、团队需要和个人需要（形成阶段）

图 17-3　任务需要、团队需要和个人需要（波动阶段）

3. 规范化阶段的团队发展方法

如图 17-4 所示，在规范化阶段，团队成员可以得心应手地处理在团队中遇到的事情，因此，他们的个人需要在某种程度上降低了。

在此阶段，团队需要所占比重仍然很高，因为团队正致力于在行动准则和工作程序上规范统一。团队领导在本阶段要激励团队创新，并督促每个团队成员全力以赴。

在此阶段，任务需要的比重提高，其重要性也开始凸显。团队领导应该注重目标的制定，激励团队成员为目标做出贡献，加强团队成员之间的合作。

4. 成熟阶段的团队发展方法

如图 17-5 所示，在成熟阶段，个人需要与团队需要占中等比重。团队领导的精力应主要放在任务需要上，帮助团队执行并监控计划，时刻谨记团队目标。

在这个阶段，团队领导要小心团队退回到前一个阶段。例如，当有新成员加入时，团队经常会退回到规范化阶段。如果发生了这种情况，团队领导要尽快修正团队行为，使团队回到成熟阶段。

图 17-4　任务需要、团队需要和个人需要（规范化阶段）

图 17-5　任务需要、团队需要和个人需要（成熟阶段）

下面这个训练与练习可以帮助你思考团队发展的方法。

训练与练习 团队发展的方法

问题：

思考你的团队处于哪个阶段，根据实际情况确定你要采取什么方法来发展团队，并完成表17-6。在这一过程中注意多与有团队领导经验的人讨论你的计划。

表17-6 团队发展及其需要

团队所处阶段：_____

项目	需要	满足需要的方式	起止时间
个人需要			
团队需要			
任务需要			

总结：

在清楚团队处于哪个发展阶段后，你可以根据不同的需求采取相应的行动。

本章小结

只有了解团队基本知识，包括团队的基本要素与类型，才能更好地开展团队工作。掌握优秀团队的特征，可以让团队不断发展。想要促进团队发展，最重要的是认识到团队发展所处的阶段，在此基础上找到促进团队发展的方法，并将其运用到工作中。

思考与练习

1. 团队有哪些类型？你的团队属于哪种类型？
2. 团队工作的优势有哪些？
3. 团队发展会经历哪些阶段？每个阶段都有什么样的特点？

第 18 章　团队内部建设

学习目标
1. 了解团队角色有哪些，掌握平衡团队中的角色的方法；
2. 了解如何维护团队的共同意识；
3. 重点掌握团队问题产生的原因及解决办法；
4. 重点掌握团队决策的步骤。

学习指南
优秀的团队不仅需要安排好团队成员的角色，而且要有能力解决团队之中可能出现的各种问题，包括团队成员间相处不融洽、观点出现分歧、产生误解、发生冲突等。如何把一群人凝聚成一个整体是本章将要解决的问题。

关键术语
团队角色　"六顶思考帽"　"推论之梯"　面对冲突的五种行为　团队决策

18.1　团队角色安排

团队是一个群体。在这个群体中，每个成员的技能与其他成员的技能相互补充，大家有共同的目标。要顺利完成工作，团队成员就必须充当各种各样的角色。我们在此并非谈论传统意义上的任务角色，如推销员和生产操作员，因为传统的任务角色仅从工作描述就能看出来。我们现在思考的是与团队建设有关的角色，如有创新精神的角色或者积极进取的角色等。不同的成员可能习惯于担当不同的角色。因此，团队领导需要鼓励成员积极扮演不同的角色。只有这样，团队才能实现各种各样的目标。

通常来说，一个完全由"谋士"组成的团队十分擅长提出各种新想法。但是，当对各种新想法进行评估并具体实施时，这个团队或许会表现一般。团队总是需要成员扮演各种相互补充的角色，只有这样，团队才不是个体的简单叠加。

团队中至少需要包括两种角色（团队成员）：

执行任务的成员——保证团队任务的进度；

维护成员——维持成员之间的和谐关系与团队的稳定，其工作包括：处理冲突、维护人际关系、帮助团队解决问题等。

美国著名学者伊尔斯·怀特（Eales White）提出了"团队效力圈"的概念，分析了团队中各种不同的角色，如图18-1所示。

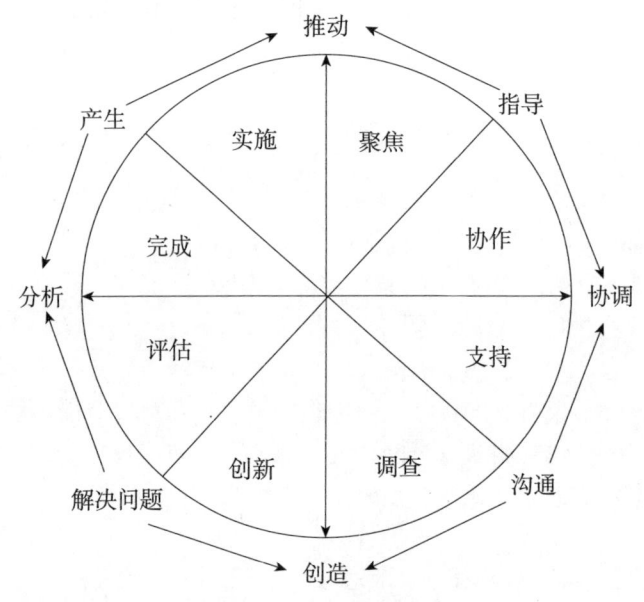

图 18-1 团队效力圈

在图18-1中，"推动""创造""分析""协调"是四大主要作用，它们分别建立在两两互补的基础上。除了这四大主要作用，团队效力圈还有另外四种辅助作用，分别是"指导""产生""解决问题""沟通"。这里的每种主要作用都与相邻的辅助作用相结合。例如，解决问题既需要创新（提出新思想），也需要评估（找到最佳思想）。表18-1列出了团队中包含的各类角色，这些角色与团队效率圈中的作用相对应。

表 18-1 团队角色范例

角　色	所说的话或所作所为举例
谋士（创新）	"试试……怎么样？" "关于这个问题，我有一个新的想法……"
推动者（聚焦）	"注意，只剩20分钟了，我们开始干吧……" "现在问题有点棘手，因为……"
挑战者（完成）	"这样是最好的方法吗？" "我们为什么要做这件事情呢？"

续表

角　　色	所说的话或所作所为举例
关心细节者（评估）	"可是，经济上我们能否承受呢？" "这一环节由谁负责呢？"
实施人员（实施）	做好工作 处理未完成的事情 检查每个人的行为
资源调查员（调查）	寻找并获得信息、联系方式和其他资源
协调人员（协作）	帮助人们相处 解决棘手问题
领导者（支持）	推动所有角色，正如管弦乐队的指挥

你可以通过下面的训练与练习思考自己的团队需要什么样的角色。

训练与练习　团队需要的角色

问题：

参照图18-1和表18-1，思考你的团队需要什么样的角色。在表18-2中列出你的团队需要的角色，然后思考你的团队当前是否存在这些角色。

表18-2　团队需要的角色

团队需要的角色	存　　在	缺　　少

总结：

从前面的学习中我们可以知道，团队需要多种角色。每个团队成员都会根据自己的习惯和特点来承担一种或者多种角色。如果发现自己的团队存在"漏洞"（缺少某方面的角色），团队领导一定要仔细考虑谁能填补这些"漏洞"。一般来说，角色的转换有一些要求，即角色转换不能过于激烈。通常，团队领导可以让一个"挑战者"去承担"关心细节者"的角色（"完成"和"评估"相邻），但让一个"挑战者"去承担"谋士"的角色就需要很大跨越（"完成"和"创新"不相邻）。

团队究竟需要哪些角色？这个问题并没有固定的答案。不同的团队需要不同的团队角色。下面有一些方法可以平衡团队中的角色。

<u>步骤与方法</u>　平衡团队中的角色的方法

　　招聘——如果团队扩大或有成员离开，团队领导在招聘新成员时应把缺少的角色考虑进去。

　　分配工作——如果团队的实施能力很差，团队领导则可以考虑更换团队成员的角色，将擅长行动的员工转移到承担实施任务的角色中来。

　　委派——如果一个团队成员有比较高的技能和能力，但其水平没有完全发挥出来，团队领导就可以考虑把一部分领导角色委派给他。

　　开发——如果找不到其他方法填补角色的"漏洞"，团队领导就需要帮助团队成员开发团队需要的技能。比如，如果团队成员缺乏创造性思维，团队就可以进行集体讨论，或者提供一些相关课程。

　　灵活承担不同角色——随着团队的成熟，团队成员逐渐意识到团队需要什么样的角色，可以根据团队需要改变自己的角色。改变角色以及轮流交换角色是常用的平衡团队中角色的方法，这可以鼓励团队成员轮流担任富有挑战性的角色。

18.2　团队问题产生的原因与解决方法

18.2.1　团队问题产生的原因

　　我们可以通过分析自己过去的经历来研究团队中的人际关系。如果团队中有两个成员不能融洽共处，这就有可能对其他成员产生不良影响。团队领导应该注意问题出现的苗头，并及时采取切实的方法解决问题。

　　表18-3从公开、信任、参与、合作四个角度分别对健康和不健康的团队气氛进行了描述，说明了它们的特点。

表18-3　健康和不健康的团队气氛

气氛 关系	健康的团队气氛	不健康的团队气氛
公开	成员分享感觉与观点	成员相互不尊重；误解；观点存在分歧
信任	成员摆明他们的分歧	成员争论；产生破坏性冲突
参与	成员全身心投入并参与	成员参与不够；退出
合作	成员为了团队的利益一起工作	成员不能合作；相互妨碍

如果团队没有营造出健康的氛围，很可能是：
○ 团队成员之间没有足够的信任；
○ 团队领导不知道如何应对冲突。

如果团队成员在相互信任方面出现问题，团队领导就需要立刻采取措施解决问题，使团队有一个合作和信任的氛围。

18.2.2　团队问题的解决办法

团队问题主要体现在团队成员关系不融洽、团队成员之间有分歧和误解。团队问题严重时，团队内部可能会出现冲突。问题总有解决的办法，团队领导熟练掌握这些方法，可以在问题发生时自如地应对。

1. 团队成员关系不融洽的解决方法

采用定期召开团队会议的方式，或以其他方式（如发送电子邮件）加强团队成员之间的交流，这是非常重要的。团队成员必须团结一致，才能战胜困难、完成任务、实现团队目标。

对团队领导而言，培养团队成员之间的融洽关系是非常重要的。下面的案例与讨论列举了一些培养团队成员之间的融洽关系时可以采用的方法。

案例与讨论　培养团队成员之间融洽关系的方法

案例一：麦吉娜公司的部门成员之间关系十分和谐，这是因为成员之间能够互相体谅并经常夸赞对方。"莉莉，我对你的提议真的很感兴趣！""跟吉娜一起工作太有趣了！""乔治总是能给我们单调的工作带来乐趣。"部门经常聚餐并进行团队建设活动，这使得工作进行得十分顺利。

案例二：张总的部门总能顺利完成计划和任务，这得益于他能倾听并正视下属的建议和意见。"张总，我觉得这个宣传方式更符合我们这次的销售产品，您认为呢？""张总，我认为与某公司开展合作有助于我们推销这些产品。"受到张总的鼓励，各成员大胆提议，常常为公司带来惊喜。

案例三：凯奇的团队成员经常在会议中争吵得面红耳赤，但他们私底下关系很好。这是因为他们从不攻击别人，只是提出自己的想法并进行讨论。他们的沟通方式是这样的："我必须说，我不赞同柯娜的想法。"而不是说："我必须说，我不赞同柯娜。"

问题：
案例中体现出的哪些方法可以使团队成员更融洽？还有哪些其他方法有同样的效果？

总结：

○ 赞美成员

这就是案例一中体现出来的方法。成员之间相互体谅并夸赞对方，这能够使关系融洽。而作为团队领导，更加应该欣赏自己的成员，称赞每位成员的特长，感谢每一位对团队有贡献的成员。

○ 鼓励成员直接表达

案例二所展现的是团队领导能够倾听并正视成员的提议，让团队成员敢于表达与自己不同的意见，并且尊重团队成员的建议。

○ 确保批评是对事不对人

现实生活中，案例三的情况并不多见。团队成员关系不融洽的原因之一——不能就事论事。如果认识到不同意对方的意见并不意味着关系破裂，那么团队成员就能够在充分讨论的情况下依然保持良好的关系。

○ 互相信任

团队领导深入了解每个团队成员，明白他们的感受以及想法，仔细倾听他们的谈话并采取实际行动，并承认每个成员对团队发展做出的贡献，树立良好的榜样；通过社交活动（如周末聚餐）加强成员之间的了解；表明自己相信所有的成员都可以实现自身的价值，并欣赏他们做出的贡献；指出成员与成员的观点可能不同，因此，即使不赞同他人的观点但仍要尊重他人。只要出发点是诚恳的，团队成员就会效仿，从而相互信任，团队就能得到发展。

○ 重视问题

团队中的误解和冲突从一开始就应得到重视，否则，团队成员间的关系将不断恶化。

2. 团队成员出现分歧和误解的解决方法

当人们意识到自己被别人误解时，可能情绪会变得急躁不安。下面是一些容易导致分歧和误解的情况：交谈过程中成员没有认真倾听；不同成员对问题的同一方面持有不同的看法；不同成员侧重于问题的不同方面；成员沟通出现障碍。如果遇到这些情况，团队领导可以采用"六项思考帽"和"推论之梯"两种方法来处理分歧与误解。

"六项思考帽"：将人的思考方式分成六种不同的类别，如果团队成员能在同一时间把所有的思考都聚焦在某一种思考方式上，就能够有效避免群体思考陷入混乱，并使误解最小化。

步骤与方法　六顶思考帽

每一种思考方式都用一项具有鲜明比喻性色彩的帽子来代表,六种颜色的帽子分别代表六种思考方法,如表18-4所示。

表18-4　六顶思考帽

帽子颜色	代　表	范　例
白　色	中立与客观	事实、数据化的信息、资料	我们拥有什么样的信息? 我们需要什么样的信息?
红　色	情感与感觉	情绪上的直觉、感觉和预感(而不考虑原因)	我对这样的做法很生气!
黑　色	警示与批判	对事物负面因素的注意、判断和评估	这个方案存在什么问题? 这样做会带来什么不利影响?
黄　色	乐观与肯定	运用正面的分析来帮助发现机会	为什么这个计划值得做? 这个计划会给我们带来什么样的利益?
绿　色	创新与改变	产生新的想法,寻找新的解决方案	针对这个问题有没有新的建议?
蓝　色	整体与控制	思维过程的控制与组织	现在我们需要戴上黄色帽子思考

在使用这个方法时,团队领导应该允许每个成员每次集中思考问题的一个方面,如问题的事实、对问题的感觉、对问题的思想等;同时允许每个人能够在思考中转变角色。例如,团队领导建议团队成员从黑色代表的思考方式(警示与批判)转为黄色代表的思考方式(乐观与肯定)。当然也可以让团队中的每个成员都利用同一种颜色的帽子代表的思考方式思考问题。

人们在使用典型的"六顶思考帽"的思考方法时一般采用以下的步骤:
○ 陈述问题事实(白帽);
○ 提出解决问题的建议(绿帽);
○ 评估建议的优缺点,包括列举优点(黄帽)、列举缺点(黑帽);
○ 对各项选择方案进行直觉判断(红帽);
○ 总结陈述,得出方案(蓝帽)。

下面的案例与讨论可以帮助你总结在使用"六顶思考帽"的思考方法时需要注意的问题。

案例与讨论　六顶思考帽

邻居家传来震耳的音乐声，干扰了逸轩的家庭生活。他按"六顶思考帽"的顺序考虑这个问题，在旁边快速写下了自己的想法：

蓝帽：（定义问题）问题是如何让邻居降低音乐的音量。

白帽：（事实是什么）邻居是新来的，他们对音量没有正确的认知。

绿帽：（可能的行为是什么）当音乐正在播放时，让邻居来你家做客，让他们听到声音有多大，然后建议邻居将音乐调小一点。

黄帽：（每个绿帽想法的好处是什么）让邻居来你家听音乐有助于他们理解你的观点；建议的语气表明你不是不高兴，而是想与他们和睦相处。

黑帽：（每个绿帽想法的缺点和危害是什么）如果你请他们过去，然后很直接表示你的不满，他们可能会觉得自己受了侮辱；如果同他们交朋友，你可能会发现你不喜欢他们，他们仍然常来造访。

蓝帽：（总结选择的绿帽想法）让他们到你家，这样他们能听到音乐有多大声；同他们交朋友，然后建议他们将声音调小。

红帽：（你最喜欢哪一个绿帽想法）直觉表明同邻居交朋友比与他们为敌好。

黑帽：（回顾最喜欢的想法的缺点和危害）他们可能不想和你做朋友，你可能不喜欢他们，他们可能很招人讨厌。

红帽：（你最后的感觉是什么）我们仍然努力做朋友。

蓝帽：（选择的计划和最后的结果是什么）我们请吵闹的邻居来我们家做客。

问题：

在使用"六项思考帽"分析的过程中，我们需要注意哪些问题？

总结：

通常我们应该注意以下几个问题：

○ 如果大家都掌握了这个方法，一般能够获得更好的效果；
○ 在分配角色时，总是提到帽子的颜色——它们的颜色在直观上与它们的功能相连；
○ 把思考过程看作在做游戏；
○ 有时，需要每个成员用一种方式思考；
○ 有时，需要不同的成员用不同的方式思考；
○ 评价新思想时，先肯定后否定。

第18章 团队内部建设

在日常工作中，我们可以根据别人的对话或者观点来判断他们的思维方式。下面的案例与讨论可以帮助你进一步认识"六顶思考帽"的思考方法。

案例与讨论　戴什么颜色的帽子进行思考

下面是一段对话。

人力资源主管：我想请员工自己制定考核标准。

总经理：他们自己制定？但是如何防止有些人的考核标准过于简单呢？

人力资源主管：我会让他们从八个方面考虑，而且会根据他们考核项目的全面性和挑战性来打分。

总经理：但是这样的话，对你来说打分可能很困难。

人力资源主管：可能是。但我认为比起只用我制定的考核标准，这种方法能更好地检测他们的工作。

总经理：有的部门可能会不同意。他们会担心员工工作效率下降。

人力资源主管：这点我会和各部门主管进行沟通，听听他们的意见。

总经理：好。这将是有趣的实验。但凭我的经验，有可能会失败。

问题：
案例中，总经理使用的是什么颜色的思考帽？

总结：
总经理使用的黑色思考帽。黑色思考帽会对事物的负面因素进行逻辑判断和评估。黑色思考帽的用途如下：
○ 对事实和数据提出质疑；
○ 指出不符合经验的方面；
○ 合理地提出自己的个人经验；
○ 指出未来的危险与可能发生的问题；
○ 对黄色思考帽进行制衡。

"六顶思考帽"的特点是首先从一个角度把事实看得尽可能透彻，其次，换一个角度看待问题。它的比较重要的特点是对同一个问题进行思考，得出多种可能的答案。这种思考方式适用于对某个事实或事件进行群体性或集体性思考。

"推论之梯"："推论之梯"如图 18-2 所示，它是在团队中解决分歧和误解的工具。如果团队成员出现分歧和误解，团队领导应该顺

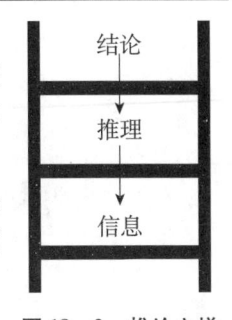

图 18-2　推论之梯

着推论的"梯子"往下走，看看问题究竟出现在哪个环节。首先，检查在推理的过程中是否犯了错误，其次，观察在信息传达和接收的过程中是否出现了什么问题。我们可以结合下面案例与讨论中的故事，学习如何运用这个工具。

案例与讨论　推论之梯

驴耕田回来，躺在栏里，疲惫不堪地喘着粗气，狗跑过来看它。

"唉，老朋友，我实在太累了。"驴向狗诉苦，"明天我真想歇一天。"

狗告别驴后，在墙角遇到了猫。狗说："伙计，我刚才去看了驴，这位大哥实在太累了，它说它想歇一天。也难怪，主人给它的活儿太多太重了。"

猫转身对羊说："驴抱怨主人给它的活儿太多太重，它想歇一天，明天不干活了。"

羊对鸡说："驴不想给主人干活儿了，它抱怨它的活儿太多太重。唉，也不知道别的主人对自己的驴会不会好一点儿。"

鸡对猪说："驴不准备给主人干活儿了，它想去别的主人家看看。也真是，主人对驴一点儿也不心疼，让它干那么多又重又脏的活儿，还用鞭子粗暴地抽打它。"

晚饭前，主妇给猪喂食，猪向前一步，说："主妇，我向你反映一件事。驴的思想最近很有问题，你得好好教育它。它不愿再给主人干活儿了，它嫌主人给它的活儿太重、太多、太脏、太累了。它还说它要离开主人，到别的主人那里去。"

得到猪的报告，晚饭桌上，主妇对主人说，"驴想背叛你，它想换一个主人。"

"对待背叛者，杀无赦！"主人咬牙切齿地说道。

可怜，一头勤劳而实在的驴，就这样被传言"杀"死了。

——资料改编自：本刊编辑部. 驴是怎么死的 [J]. 党建文汇（下），2015（2）：5.

问题：

运用"推论之梯"，人们能够意识到他们在推论中存在误解。那么误解究竟为什么会产生？

总结：

在上面的故事中，确定误解是否在推理过程中产生，需要从"梯子上往下走一格"，看是否在信息阶段出了错误，是否大家对驴的抱怨看法不一致。例如，虽然大家都进行了相同的推理——驴太累了，但是，因为大家各有想法，大家进行了自己的主观臆断，所以，产生了误解。

3. 团队内部出现冲突的解决方法

团队成员的多样性能够为团队带来不同的意见、经验和技能，但是，其多样性也具有

第18章　团队内部建设

负面影响——团队成员的不同个性可能会导致团队内部出现冲突。不是所有的冲突都是负面的，冲突有健康和不健康之分，冲突的特征如表18-5所示。

表18-5　冲突的特征

健康的冲突	不健康的冲突
事实性	情绪性
建设性	破坏性
公开性	压抑性

健康的冲突是指团队成员以一种公开的、实事求是的态度表达不同的观点和看法，并且相互尊重。例如，"我尊重各位提出的意见，但是，我很生气。因为，你们没有在周五之前达到预计的进度！""你好像有很多难处，但是，这次你能够提出一种新方案吗？"

健康的冲突会产生正面的、肯定的结果：

○ 虽然有不同意见，但是，团队成员相处比较自然，团队成员之间的氛围比较友好；
○ 通常，在这种情况下做出的决定，比在没有健康的冲突的情况下做出的决定更好。

不健康的冲突会对团队完成工作的效果产生威胁，而且会导致团队成员之间的争执或交流障碍。有的团队成员甚至会感情用事，以一种破坏性的方式相互攻击。

团队冲突的双方可能是：

○ 团队领导和团队成员，或团队领导和整个团队；
○ 个别团队成员；
○ 团队内的小组。

步骤与方法　面对冲突时可以采取的五种行为

团队领导需要判断团队内部产生不健康的冲突的原因，并设法解决该冲突。面对冲突时，团队领导可以采取五种不同的行为，如表18-6所示：

表18-6　面对冲突的五种行为

行　为	内　容
对　抗	能快速获得结果，但如果处理不好，则浪费时间
协　作	可以得到最好的解决结果和很高的团队承诺，但可能比较耗时
折　衷	虽然不能得到很好的解决结果，但是，人人都能有所收获
迁　就	因为没有争论，所以，结果可能很差
回　避	推迟冲突的解决

上述几种行为被采取的概率,与团队领导对自身需要的关注和对他人需要的关注的程度密切相关。图18-3表明了两者之间的关系。

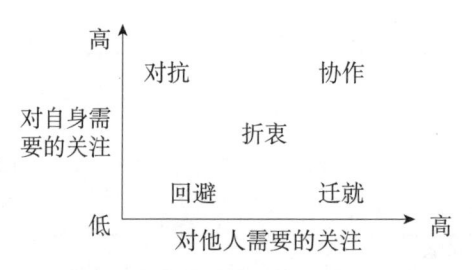

图 18-3 面对冲突的五种行为与关注度

（图示：纵轴为"对自身需要的关注"，从低到高；横轴为"对他人需要的关注"，从低到高。坐标内标注：左上"对抗"，右上"协作"，中间"折衷"，左下"回避"，右下"迁就"。）

下面的步骤与方法有助于你以健康的方式处理冲突。

步骤与方法　解决冲突的方法

- 营造公开、信任的氛围;
- 让冲突双方公开自己的见解;
- 公开冲突——鼓励成员充分表达自己的观点;
- 鼓励团队成员为别人着想;
- 对事不对人——面对问题不受个人感情的影响;
- 发生冲突时,不忽略或逃避矛盾,坚持解决问题。

下面的训练与练习可以帮助你复习前面所学的内容。

训练与练习　解决问题

问题:

1. 你的团队缺少哪种角色?同时,思考你可以采用什么方法提供这些角色,完成表18-7。

表 18-7　确定角色

项目	内容
完成工作所缺少的角色	
维护团队所缺少的角色	
提供这些角色的方法	
角色到位的时间	
总结这些角色对团队的帮助	

2. 你的团队成员之间出现了什么问题？同时，思考如何处理这些问题，完成表18-8。

表18-8　确定问题

项目	内容
问题	
可能的原因	
解决问题的方法	
我们应做的工作	

总结：

这个练习可以帮助你理解团队角色，以及团队成员之间的问题。这两个问题对团队建设至关重要，你必须花费一些时间解决它们，以使团队工作更加有效。

延伸与拓展　水平思考法

爱德华·德·博诺（Edward de Bono）是心理学家。20世纪80年代中期，他提出了"6 thinking hats"（"六项思考帽"思考法），该思考法至今仍被人们广泛使用；20世纪60年代末期，他提出了"lateral thinking"（水平思考法），解决了人们采用"垂直思考"方式时易出现的问题。"水平思考法"又称为"发散式思维法""水平思维法"。

通常情况下，大脑为了充分获悉发生了什么，所有的大脑活动最后会被转换为一种对神经网的激发模式。到目前为止，人类对大脑的具体运作机制的了解还不够充分。但是，我们还是有可能对大脑的运作机制做一个宽泛的定义。就像即使我们不必知道自己房间的电路和每一个开关的复杂细节，也可以通过照明效果来了解电路的功能组织一样。我们可以通过大脑思考时的表现来了解大脑系统的运作。进行这些了解时，我们可能会考虑到各种复杂的积极作用或消极作用。

但是，理解大脑的功能，只是为了给"水平思考"这一概念的发展提供一种方便的模式。即便如此，"水平思考"的有效性也不依赖于这一模式的有效性。例如，虽然一个人的大脑模式是有效的，但是，他并不一定能熟练地使用"水平思考"，这就像一个懂得一切原理的汽车工程师未必会是个开车好手。同样，也没有人会认为，一旦充分理解了大脑的功能，就能够正确地进行逻辑思考。

"水平思考"并不是一种新奇的药方。它只不过是我们运用大脑的另一种更有效的方式。"水平思考"使人们的头脑更灵活。因为这种思考方式鼓励人们用多种不同的视角来看待问题，并使人们能用许多种方法来解决同一个问题。日积月累，"水平思考"的方式就会渗透到人们的其他思考领域当中。

——资料改编自：博诺．水平思考法［M］．冯杨，译．太原：山西人民出版社，2008.

18.3 维护团队的共同意识

18.3.1 维护团队会议的有效性

在现实中，团队成员往往忙于自己的工作，交流的时间和机会可能非常少。因此，维护团队的共同意识是一件十分困难的事情。特别是当团队成员因为交接班、兼职工作或灵活的工作时间而极少在一起工作时，维护团队的共同意识就更难了。即使团队成员能够在一起工作，某些原因，如客户服务中心始终都要有人值班或兼职人员流动性太大，也会导致团队不能在工作时间召开全体成员会议。

案例与讨论　召开团队会议

案例一：
电机维修厂实行倒班的工作制度，这导致交班后工人无法顺利地完成上一班工人留下的工作，无法解决上一班工人遗留的问题。厂长发现这个情况后召开了会议，对工作制度进行了调整。这使工人的工作交接更加顺利，提高了工人的工作效率。

案例二：
因为需要经常出去跑客户，所以，瑞恩所在销售公司的部门成员总是凑不齐，消息的传达很困难。经理发现每周一的上午是留在公司团队成员最多的时候。因此，部门形成了周一上午召开会议的惯例，经理趁此机会传达信息和对工作进行总结。

案例三：
因为需要不断接听电话，办公室的王主任很难抽出时间召开团队会议。她在与另一位主任交谈的过程中找到了解决问题的方法，原来对方也遇到了类似难题。他们共同决定，每周五用半小时的时间，让对方部门的人来代替自己部门的员工工作。这样既可以召开自己部门的会议，又不至于中断工作。

问题：
为什么要召开团队会议？案例一和案例二中的团队领导如何在不利条件下召开团队

> 会议？
>
> **总结：**
> 团队领导可以通过召开团队会议解决工作中的问题；也可以通过集中时间、人员和有限资源，解决如何在不利条件下召开团队会议的问题。

尽管团队领导重视召开团队会议，进行团队交流，但是，召开团队会议实际做起来困难重重。工作多样性及复杂化使维护团队的共同意识更加困难。这也给团队领导提出了更高的要求。

训练与练习 不能召开团队会议的原因

问题：
哪些因素影响了你的团队定期举行有意义的团队会议？

总结：
常见的影响因素包括以下几方面：
- 工作压力——许多成员总是有很多紧急工作去做，因此，他们没有为参加团队会议留出足够的时间；
- 连续工作的需要——工作要求连续作业，例如，顾客服务中心的电话一直需要接听，零售渠道或制造业中的生产线一直运行；
- 交接班制——轮班工作，这就使得处于不同班次的成员很难聚集在一起；
- 兼职工作——兼职成员的流动性较大，兼职工作团队可能很难让成员聚集在一起。

召开团队会议并不容易。由于各种原因，许多团队即使召开了会议也不能达到预期的目的。这是团队中普遍存在的问题。下面的案例与讨论就说明了这一问题。

案例与讨论 无效会议

> 洋洋进入了一家公司的后勤部门，立志认真工作，想要快点升职。但是，他发现部门在日常工作中存在着许多问题。例如，开会的时候，领导者花很多时间去讨论一些没什么实际意义的问题，如下个月去哪里进行团队建设、停车场人员调动等，而常常忽略员工们的需求和提出的建议，无法及时为员工提供后勤保障，耽误其他人的工作进度。
>
> **问题：**
> 上述案例中会议无效的根本原因是什么？应该如何避免无效会议？

> **总结：**
> 时间是最宝贵的，如果开会，一定要注意保证会议的有效性。

为了确保会议的有效性，我们可以使用很多方法。下面的"步骤与方法"对这些方法做一些简单的介绍。

步骤与方法　确保团队会议有效的方法

- 集中要解决的重要问题：合理安排优先次序，重要的问题必须在会议上处理。
- 坚持观点：一定要坚持已经确定的优先次序，避免做出无谓的改变。
- 按时开始并遵循时间表：会议很容易浪费时间，需要严格遵循约定的时间表。
- 围绕重要议题进行讨论：会议很容易在细节上纠缠而浪费时间，这一问题最好的解决办法就是紧扣重要议题，议题包括团队的目标以及为了实现目标而制定的解决方案，等等。

18.3.2　维护团队意识的其他方法

团队会议很重要，但它并不是维护团队共同意识的唯一方法。作为团队领导，可以运用许多其他的方法来帮助维护团队共同意识。下面列举一些重要的方法。

步骤与方法　维护团队共同意识的其他方法

- 传达清晰的目标：明确告诉团队成员团队的目标，对维护团队的共同意识有非常重要的意义。
- 营造责任感：只有使每个团队成员明确为了实现团队目标自己需要承担的责任，才能够更好地提高每个成员的团队意识。
- 确定行动准则：确定统一的行动准则并共同行动。处理事情时团队成员相互信任、相互尊重。
- 使用固定的程序：确定了目标和每个成员要做的事情之后，最好让大家采用统一的、固定的办事程序，这种做法可以维护团队的共同意识。

18.4　团队决策

为了能够顺利完成团队任务、解决团队可能面临的问题，团队领导需要进行科学有效的团队决策。下面是关于团队领导进行团队决策的一些描述：

○ 在需要时立即进行决策；
○ 让团队成员参与到决策的过程中；
○ 使用有用的信息进行决策；
○ 坚持让团队成员共同做出决策。

下面的"评测与评估"可以帮助你评估你所在团队的决策是否有效。

评测与评估　团队决策

问题：

你所在团队的决策的有效程度如何？给表18-9中的各个问题打分，5分最高，1分最低。

表18-9　团队决策

项　目	分　值
在需要时立即决策	1　2　3　4　5
与受到影响的人共同决策	1　2　3　4　5
能够快速决策	1　2　3　4　5
避免贸然做决策	1　2　3　4　5
使用有用的信息	1　2　3　4　5
做出的决策通常是好的决策	1　2　3　4　5

总结：

表18-9中的各个问题的分值能够表明你的团队决策的有效程度，并使你知道在哪些方面需要改进。

下面讨论的决策模式，可以为你进行团队决策提供一些实际的帮助。

18.4.1　决策模式

团队决策模式中包括许多决策的步骤。下面的"步骤与方法"给出了具体的例子，决策的步骤如图18-4所示。

步骤与方法　决策的步骤

步骤	说明	举例
阐明问题	开始时需要明确决策的原因和必要性。重要的是理清每个人对问题本质的认识是否相同。	小高是某银行支行的一名团队领导。她意识到客户在员工午饭时间排队、付款的等候时间太长。
获得信息	在决策之前需要确保获得对解决问题有帮助的信息。	小高与其团队成员对等候时间进行了为期一周的监测。
提出多个解决方案	对团队而言，问题只有一个解决方案是不够的，需要在决策之前提出多个解决方案。	小高与团队成员讨论了可能的解决方案，包括：午饭时间额外雇用一名出纳；改变员工午休时间；改变付款人叫号的制度。
建立选择标准	需要一个能够检测各解决方案是否有效的客观标准，以决定哪个解决方案是最好的。	小高对各解决方案的标准做出了规定：客户的等候时间不应超过4分钟；叫号制度必须公平；解决方案不应增加总成本。
做出决策	把标准应用于每个解决方案，做出决策。	小高发现，改变员工午休时间能够使团队成员获得最大程度的满足。另外，他们还决定检查客户等候的情况。
实施并督导解决方案	最后，需要把首选的解决方案付诸实践，并检查其效果。	小高发现，解决方案的确减少了客户的等候时间。但是，偶尔仍有长时间等候的情况。这只有通过改变叫号制度来解决了。

图 18-4　决策的步骤

下面的训练与练习可以帮助你总结决策模式。

训练与练习　决策模式

问题：

思考你遇到的问题，并运用上述决策的步骤解决这些问题，完成表 18-10。

第 18 章　团队内部建设

表 18-10　决策模式

步　　骤	具体做法
阐明问题	
获得信息	
提出多个解决方案	
建立选择标准	
做出决策	
实施并督导解决方案	

总结：

坚持以上步骤，你可以有效地提高自己的决策效率。你可以结合自己的实际工作多做几次这样的练习。

良好的决策在某种程度上取决于良好的团队。良好的团队的特征包括：成员彼此信任、相互支持、公开交流，以及具备解决冲突的能力。但是，团队领导进行良好的决策还需要一些附加的技能。

步骤与方法　创造性决策与理性决策之间的平衡

提出创造性决策包括以下步骤：
- 提出不止一个可行的解决方案；
- 提出不寻常的想法和解决方案；
- 思考不可思议的问题；
- 冲破壁垒和阻碍。

提出理性决策包括以下步骤：
- 阐明问题；
- 进行逻辑性思考；
- 按照标准分析解决方案；
- 选择最可行的解决方案。

我们可以在团队的决策与解决问题中使用一些技巧，比如，头脑风暴法与绘制思维导图。下面的训练与练习要求你思考如何进行创造性决策。

训练与练习　创造性决策

问题：

比较你所熟悉的两个团队，看看它们是如何进行创造性决策的？完成表 18-11。

表 18-11　创造性决策

团队 1	团队 2

总结：

不同的团队具有不同的创造力来源，你可以进行比较，并从中得到启示。

18.4.2　达成协议

步骤与方法　达成协议的方式

达成协议也有许多种方式，主要包括以下几种：
- 投票——通过投票选择出最终方案；
- 取得一致同意——所有团队成员一致同意最终方案；
- 团队领导做出最后决定——最终，团队领导做出决定。

不同的达成协议的方式有其自身的弱点。投票能够缩短做决策的时间，但会造成某些团队成员的不满；虽然，团队中每个成员都有决定权，但是，取得一致同意可能比较费时。达成协议的困难包括以下几种：
- 最后做决定的人否决了他人的方案；
- 团队成员很难达成一致，因此，决定被推迟。

下面的训练与练习可以帮助你思考你所在的团队在达成协议方面的问题。

训练与练习　他山之石

问题：

把你的团队与你熟悉的其他团队进行比较。这两个团队是如何达成协议的？其他团队运用的方法对你的团队有用吗？完成表 18-12。

第18章　团队内部建设

表18-12　比较团队达成协议的方法

方　法	你的团队使用的方法	其他团队使用的方法	你的团队可以尝试的方法
投　票			
取得一致同意			
团队领导做出最后决定			
其他			

总结：

你可以将自己的团队与其他团队进行比较，从中学习并借鉴他人之长。

18.4.3　实施决策

做出决策并非意味着解决问题的过程结束了。之后，团队必须实施决策，也就是：
○ 确定需要采取的行动；
○ 按照计划采取行动；
○ 按时完成行动方案。

团队还要记录这些决策的实施过程，以便日后查阅。

通过学习，你应该知道了维护团队的必要性，同时也明白如何维护你的团队。你可以尝试完成下面的训练与练习，把你前面学习的理论付诸实践。

训练与练习　团队的维护

指导：

首先，列出你认为优秀的团队应该具备的特征，例如：
○ 定期召开团队会议；
○ 有共同的目标；
○ 能够用建设性的方法解决问题。

其次，思考你的团队是否具备以上这些特征，以及不具备某些特征的原因。例如，如果团队有很多兼职人员，则很难定期召开团队会议。

问题：

你怎样克服团队的维护中遇到的障碍？例如，如果团队成员在不同的班次工作，你应该如何在换班期间把团队成员聚集到一起？为了克服这些障碍，你能否制订一个计划，并把你的计划付诸实践？完成表18-13。

表 18–13　团队的维护

优秀团队的特征	你的团队存在的差距或障碍	克服障碍的方法
克服障碍的计划		

总结：
这个练习能够帮助团队发展。在此过程中，你需要认真分析团队为什么不具备优秀团队的某些特征，哪些障碍阻挡你的团队进步，并找出克服这些障碍的方法。

本章小结

团队内部建设是一项大工程。首先，你要了解团队角色并且平衡团队角色；其次，你要掌握团队问题产生的原因和解决办法，重点掌握"六顶思考帽"和"推论之梯"两种工具；再次，你要了解维护团队共同意识的方法；最后，你要掌握决策模式，帮助团队达成协议并实施决策，使团队克服障碍，顺利发展。

思考与练习

1. 团队中一般都包括哪些角色？哪些方法可以平衡团队中的角色？
2. 如何运用"六顶思考帽"和"推论之梯"来解决问题？
3. 团队中各种类型的冲突都有哪些特点？如何解决这些冲突？
4. 让团队成员融洽相处的方法有哪些？
5. 面对团队成员之间产生的冲突，你可以采取哪些行为？
6. 提出创造性决策和理性决策都有哪些步骤？
7. 团队在进行决策时有哪些步骤和方法？

第 19 章　团队外部关系

> **学习目标**
> 1. 了解团队与团队之间联系密切的优势；
> 2. 掌握团队之间产生冲突的原因；
> 3. 重点掌握建立团队之间融洽相处的方法。
>
> **学习指南**
> 　　团队是组织的重要组成部分，也是集客户、供应商和其他各种元素为一体的一个工作单元。团队外部同样存在各种力量，影响团队的发展。本章将讨论与团队外部关系有关的问题。
>
> **关键术语**
> 　　团队之间的联系和期望　团队之间融洽相处　团队之间的冲突处理

19.1　团队之间的联系与期望

　　团队成员如果只是忙于自己团队的事情，而对组织内其他的团队漠不关心，则可能犯一些错误；相反，如果能够在工作中考虑全局，则会给团队的发展带来益处。

案例与讨论　"各自为战"的代价

> 　　彼得的几个项目团队共同设计一套服饰。但是，项目团队之间没有进行协商和沟通，每个项目团队都专注于自己那一部分的设计，希望能获得赞赏。这套服饰设计完成后，彼得发现，服装和饰品搭配效果不佳，设计极其失败。如果当初各项目团队可以进行协作，对服装和饰品的风格进行统一，也不会像现在这样。
>
> **问题：**
> 彼得的项目团队设计失败的根本原因是什么？

> **总结:**
> 项目团队的工作只是组织整体工作的一部分,必须在组织的整体框架下运作。各自为战是很难完成团队任务的。

由此可见,保持团队之间的密切联系是维持组织正常运行的必要行为。表 19 – 1 对团队之间联系密切的优势和联系不密切的劣势进行了分析。

表 19 – 1 团队之间联系密切的优势和联系不密切的劣势

联系密切的优势	联系不密切的劣势
○ 确保团队的工作与其他团队的工作保持协调,与组织的整体目标保持一致 ○ 团队工作出现问题时能立即采取行动 ○ 团队很可能对组织整体产生促进作用	○ 团队可能会因为目标与组织的其他部分"脱轨"而被排斥 ○ 可能重复其他团队的工作 ○ 可能缺乏资源
○ 当团队需要创新或遇到问题时,其他团队能够提供有用的帮助 ○ 减少团队之间协作的阻碍	○ 总以同一方式行动的团队可能停滞不前 ○ 问题不能得到解决时,会增加团队压力
○ 团队之间可以融洽相处	○ 被其他团队所敌视
○ 团队能融入全局	○ 团队保守、孤立

当与其他团队一起工作时,团队总是期望能从其他团队那里得到收获,其他团队也期望从你的团队中获得好处。例如,销售厨房设备的团队期望从库存团队那里获得实时信息,这样销售人员才能向客户提供实际的交货时间表;产品设计团队希望与销售团队讨论客户需求的变化问题,这样才能在设计新产品时与客户的需求相吻合;产品设计团队希望生产团队就生产新设备的可行性,以及涉及的时间向其提供建议;等等。

团队之间的相互期望包括以下几个方面:
○ 信息——提供实时信息,比如库存量、价格等;
○ 建议——如何做以及具有什么效力,例如新设备的生产要求等;
○ 共同工作——能够提高服务的质量,比如,如何设计新产品或解决问题(客户投诉)。
下面的训练与练习可以帮助你思考团队之间的期望的问题。

训练与练习 确定团队之间的期望

问题:

首先,确定与你的团队密切合作的团队;分析每个团队,写下你期望从这几个团队获得什么。其次,写下你认为这几个团队期望从你的团队获得什么,完成表 19 – 2。

第 19 章　团队外部关系

表 19-2　团队之间的期望

序号	与我们密切合作的其他团队	我们团队期望从这个团队获得什么	我们的期望是否得到满足（满足/半满足/不满足）	这个团队期望从我们的团队获得什么
1				
2				
3				

总结：

有些期望可能得不到"满足"或只是处于"半满足"的状态。如果出现这种情况，可以向其他团队说明自己团队实际的期望，或与其团队成员探讨他们如何才能更好地满足自己团队的需要。

团队需要明确各自的期望，也需要知道其他团队的期望。这如同每个团队都需要非常清楚自己的目标。

19.2　团队之间融洽相处

团队不可能单独运作，需要与其他团队进行合作才能更好地完成工作。不管团队自身的有效性如何，它都必须与其他团队及其成员保持良好的关系。下面的案例与讨论就说明了这样的道理。

案例与讨论　融洽合作

> 惠普公司创造了一种独特的"周游式管理办法"，鼓励部门负责人深入基层，直接接触广大职工。
>
> 惠普公司的办公室采用美国少见的"敞开式大房间"，即全体人员在开放的房间办公，各部门之间只有矮屏分隔，除少量会议室、会客室，无论多高级别的领导都不设单独的办公室。这样有利于各部门之间增加沟通，创造无拘束和合作的气氛。
>
> 这种管理办法实施后，大家普遍反映效率有所提高，公司氛围也更加和谐。
>
> **问题：**
> 惠普公司的成功，是否在一定程度上受益于团队融洽合作？
>
> **总结：**
> 一般而言，团队的成功建立在团队融洽合作的基础上。

正像团队内部成员需要融洽相处一样，团队之间也需要融洽相处。下面列出了一些团队之间融洽相处的方法。

步骤与方法　团队之间融洽相处的方法

○ 确定会对自己团队产生影响的其他团队，并确保团队内有专门的成员负责与他们联系和沟通。
○ 确保这些团队清楚地了解：
（1）自己团队的工作和目标；
（2）自己团队的任务和主张；
（3）自己团队的工作是如何影响其他团队的。
○ 与这些团队分享目标和计划：
（1）确保各方的目标与计划相互协调；
（2）充分理解其他团队的观点。
○ 团队之间相互交流并发展信任：
（1）当与其他团队一起工作时，交换进度表和业务信息；
（2）派代表参加其他团队召开的一些会议；
（3）促进交流，以便自己团队的成员和其他团队的成员相互了解；
（4）举行针对全体团队成员的培训会；
（5）就各团队关心的重大问题召开会议，以解决团队之间出现的冲突。

有效的交流与沟通对消除团队之间产生的摩擦和冲突大有好处。下面的训练与练习可以帮助你思考应该采取什么方法改善与外部团队的关系。

训练与练习　改善与外部团队的关系

问题：
通常你的团队在改善与外部团队关系方面采取什么样的方法？列出其中最重要的三项方法：
1. _____
2. _____
3. _____

总结：
团队之间合作的基础建立在和谐的团队外部关系上，为此你需要付出一定的努力。

19.3　团队之间的冲突处理

由于各种各样的原因，团队之间会产生冲突。这些原因通常包括以下几种：
○ 缺乏沟通或误传消息；
○ 对有限资源的竞争；
○ 相互竞争或侵犯；
○ 目标、计划或任务不协调；
○ 优先权或标准冲突。

这些由各种原因造成的冲突，很容易导致团队之间产生敌对情绪。在这种敌对状态下，团队内部会紧密团结以对抗"敌人"，团队之间就会产生越来越多的误解。如果我们不进行协调和处理，最后这些冲突很容易发展成破坏性冲突。下面的案例与讨论说明了冲突产生的可能原因。

案例与讨论　冲突前的信号

> 客户服务团队希望培训团队能对他们团队的新员工进行培训，但培训团队认为客户服务团队自己对这些团队成员进行培训效果将会更好；客户服务团队表示他们近期没有时间来培训新员工。
>
> **问题：**
> 这个冲突发生前的信号是什么？以上情况会导致什么后果？
>
> **总结：**
> 团队之间的冲突是不可避免的，两方利益的矛盾通常是冲突的原因。如果不尽早干预，就会影响后续工作。团队领导最好能够意识到冲突发生的预兆，这样才可以为解决冲突做好准备。所以，团队领导需要注意冲突前的信号，以便及早进行处理，不要等到这些信号上升为冲突时才去处理。

解决团队之间的冲突的方法，与我们在前面讨论的解决团队成员之间的冲突的方法相似，但团队领导的角色会有些变化。团队领导需要考虑更加广泛的关系，并能够站在全局的高度来思考和解决问题。

下面的训练与练习要求你思考解决团队之间冲突的方法。

训练与练习　解决冲突的经历

问题：

你在解决团队之间的冲突方面有什么样的经历？把它们写下来，完成表19-3。

表19-3　解决团队之间冲突的经历

你经历的团队之间的冲突	冲突的征兆	冲突的原因	冲突是如何处理的？	解决方案是否令人满意？
1				
2				
3				

总结：

通过总结这些解决团队之间冲突的经历，你可以有效识别冲突产生的征兆，并提出解决冲突的方案。

学习完本章的内容后，你需要总结和复习一下。下面的训练与练习要求你对团队之间的关系进行思考。

训练与练习　团队之间的关系

问题：

总结你在本章学到的知识，思考你的团队与其他团队的关系并完成下面的两个练习。

练习1：研究团队之间的期望

运用表19-4，与其他的团队成员共同讨论团队之间存在的相互期望。你可以召开团队会议或邀请其他团队的成员与你们共同讨论，然后总结讨论的结果。

表19-4　团队之间的期望

问　　题	具体的思考结果	备　　注
时间与人员		
谁负责与其他团队讨论团队之间的期望		
什么时候进行讨论比较合适		
我们团队的需要		
总结我们对其他团队的期望		

第 19 章　团队外部关系

续表

问　　题	具体的思考结果	备　　注
他们认为我们的期望是什么		有待与其他团队讨论
如果存在差距，他们怎样才能向我们提供更多的帮助		有待与其他团队讨论
其他团队的需要		
你认为他们期望获得什么		
他们实际上期望从我们这里获得什么		有待与其他团队讨论
如果存在差距，我们如何向他们提供更多的帮助		有待与其他团队讨论

要求参加讨论的人向你的团队传达信息，同时思考你的团队需要采取的行动：让你的团队的需要得到最大的满足；让其他团队的需要得到最大的满足。

练习 2：使你的团队与团队外部的关系更加紧密

你需要召开团队会议讨论与团队外部关系的情况。团队外部关系包括个人、其他团队和其他部门及组织内外的关系。

你需要根据讨论结果填写表 19-5。

表 19-5　团队外部关系及改善措施

团队外部关系	改善措施

总结：

这两个练习可以帮助你思考你所在团队的外部关系。你需要花时间研究双方的期望并采取行动改善团队外部关系，保持不同团队间的紧密团结与协作。

本章小结

正确地处理团队之间的冲突，解决问题，有利于团队之间融洽相处；团队之间联系密切，有利于团队工作的顺利开展和效率的提高。本章你需要掌握处理团队外部关系的方法，并将其运用到你的工作和学习中。

思考与练习

1. 要想与其他团队融洽相处，你所在的团队应该注意哪些方面的问题？
2. 团队之间会出现一些冲突，导致这些冲突的原因有哪些？

实践与实训

指导：

本练习要求你就团队发展中需要优先重视的领域与你的团队进行讨论，并制订一个行动计划。

1. 你的团队在发展过程中需要优先重视的三个领域：

(1)

(2)

(3)

2. 向你的团队做这三个领域的简单介绍。需要说明为什么优先重视，以及这些领域能够为团队带来什么好处。

(1)

(2)

(3)

3. 讨论：

(1) 这三个领域的重要性有哪些？

(2) 它们应该如何得到重视？

(3) 整个团队应该如何参与这些领域？

使用"六项思考帽"的方法讨论这些问题，如"六项思考帽"应用表所示：

"六项思考帽"应用表

"六项思考帽"的方法是如何帮助我们讨论的	使用此方法的困难	我们应该学习什么

4. 使用行动表总结讨论结果及将采取的行动。

行动表

领域	采取的行动	负责人	检查时间

总结：

本练习帮助你确定团队发展过程中的关键问题是什么，并帮助你针对这些问题想出一些具体的解决办法。本练习可以使你的团队成员之间，以及你的团队与其他团队之间保持密切的关系，最终把你的团队建设成一支优秀的团队。

单 元 测 试

一、单选题

1. 小何受集团的委托组成了一个新团队，其中包括消费者和供货商，这个团队的类型是（　　）。
   A. 自我管理型团队　B. 虚拟团队　　　C. 供销团队　　　D. 电子团队

2. 布莱恩所在的团队中缺少一个能与团队成员进行沟通并能解决棘手问题的成员，这个成员的角色是（　　）。
   A. 领导　　　　　B. 谋士　　　　　C. 实施人员　　　D. 协调人员

3. 欧文在遇到冲突时，态度总是很强硬，不愿意妥协。他采取的这种处理冲突的方式是（　　）。
   A. 折中　　　　　B. 迁就　　　　　C. 回避　　　　　D. 对抗

4. 在员工午饭时间，线上用户经常无人接待。为解决这一问题，航航与其团队成员讨论了可能的解决方案，包括午饭时间额外雇用一名小时工，改变员工午饭时间等制度。这属于团队决策的（　　）阶段。
   A. 做出决定　　　　　　　　　　　B. 建立多个财务标准
   C. 阐明问题　　　　　　　　　　　D. 提出多个解决方案

5. 阿娜利公司的宣传部门与后勤部门经常发生矛盾，要解决他们之间的矛盾，做法不合适的是（　　）。
   A. 两部门直接联系，面对面沟通　　B. 两部门坚持各自的立场，拒绝妥协
   C. 两部门增加相互了解和配合　　　D. 两部门分享目标与计划

二、案例分析

　　小路硕士毕业后进入一家中型企业，半年后他被公司任命为一个新团队的经理。此前，他做过客户服务部的工程师，从事过公司新产品的市场调研、研发和新项目的可行性分析等工作。近来，他发现了一些来自团队内部的问题，问题主要表现如下：团队中个别成员不及时向他汇报工作进度，需要他去询问；有一次团队召开讨论会时，

参会成员就某个方案发生争论，一位成员因与其他成员意见相左而中途离开，退出讨论；一次总结会议上，一位很有资历的成员当着很多人的面指出他工作中的一些问题，让他觉得很难堪。

　　小路来到该公司仅半年多，他觉得资历不足是员工不愿服从他管理的原因之一。他本人深知沟通在团队管理中的重要性，也尽可能进行团队成员之间信息的交流和共享，但初出茅庐的他面对现在的局面还是感觉有些手足无措。

根据以上案例，回答以下各题。

1. 小路所在的团队处于团队发展过程中的（　　）阶段。
   A. 波动　　　　　B. 成熟　　　　　C. 规范化　　　　　D. 解体
2. 他的团队目前所处的阶段的特点是（　　）。
   A. 彼此彬彬有礼，但缺乏相互信任　　B. 相互考验
   C. 尊重他人　　　　　　　　　　　　D. 公开、信任、具有灵活性
3. 他的团队目前所处的发展阶段，处于较高水平的需要是（　　）。
   A. 任务需要和团队需要　　　　　　　B. 团队需要和个人需要
   C. 任务需要和个人需要　　　　　　　D. 任务需要、团队需要和个人需要
4. 一位老员工在会议上当面批评小路，对此小路最恰当的做法是（　　）。
   A. 对这位老员工进行批评　　　　　　B. 全盘接受他的批评
   C. 正视他所提出的问题，积极改正　　D. 忽视他的批评
5. 针对团队目前的状况，他不该采取的方式是（　　）。
   A. 积极和团队成员进行沟通　　　　　B. 努力在团队中营造信任的气氛
   C. 努力改正自己工作中存在的问题　　D. 坚持让团队成员听从自己的命令

扫描二维码，查看参考答案

第Ⅶ单元　团队学习

　　团队学习可以提升团队竞争力，解决团队的"短板"问题，还可以使团队成员提升战斗力、树立信心、实现知识共享、协调进步，共同发展。成员在团队中，思想得到升华，智慧得到磨砺，能力得到提升，梦想变得明晰；团队在成员的不断学习中，战斗力获得提升、实力变得强大，赢得更多的发展机遇。一个优秀的团队可以使其成员发挥潜在的能力；成员发挥其潜在的能力又使得团队自身获得力量。这样，团队得以增加发展机会，团队整体发展空间逐步扩大；团队成员的发展也越来越好。

　　领导一个团队就要对团队成员负责。对于一个团队来说，绩效目标很重要，效率很重要，成果也很重要。团队领导希望团队成员能够实现团队目标，就要支持团队成员的学习和发展。团队工作成功与否的关键在于整个团队是不是在不断地学习和发展，团队成员是不是为完成团队目标和任务而不懈努力——团队的发展和成员的发展是相辅相成的。

　　本单元将为你提供具体的思路和方法，告诉你怎样帮助团队成员不断成长，如何让团队通过各种形式的学习得到发展。

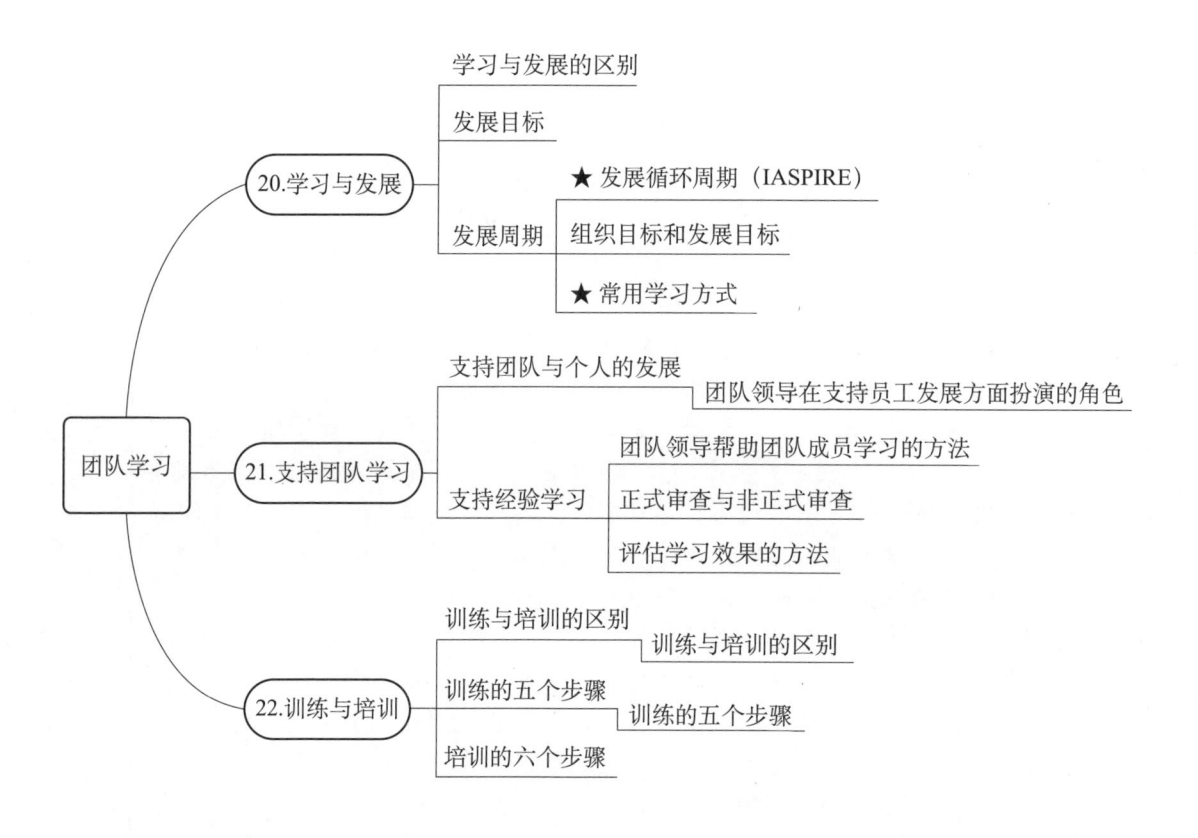

```
团队学习
├── 20.学习与发展
│   ├── 学习与发展的区别
│   ├── 发展目标
│   └── 发展周期
│       ├── ★ 发展循环周期（IASPIRE）
│       ├── 组织目标和发展目标
│       └── ★ 常用学习方式
├── 21.支持团队学习
│   ├── 支持团队与个人的发展
│   │   └── 团队领导在支持员工发展方面扮演的角色
│   └── 支持经验学习
│       ├── 团队领导帮助团队成员学习的方法
│       ├── 正式审查与非正式审查
│       └── 评估学习效果的方法
└── 22.训练与培训
    ├── 训练与培训的区别
    │   └── 训练与培训的区别
    ├── 训练的五个步骤
    │   └── 训练的五个步骤
    └── 培训的六个步骤
```

★代表本部分是案例重点考核内容。

扫描二维码，学习本单元概况

第 20 章　学习与发展

学习目标
1. 了解学习与发展的区别；
2. 掌握发展目标；
3. 重点掌握发展周期；
4. 重点掌握发展的主要方法。

学习指南
　　团队的学习与发展是团队成员进步的途径，也是增强团队实力的必要手段。本章将探讨学习与发展，研究为什么发展具有重要意义，以及如何才能使发展计划与组织的计划相一致。我们还将研究发展周期的各个阶段，深入探讨如何评估发展的要求，以及如何为团队确定适当的学习或发展活动。

关键术语
　　发展目标　发展周期　发展需求　发展方法　学习与发展

20.1　学习与发展的区别

　　发展包含了内容广泛的各种活动，学习是其中至关重要的一个活动，但学习不是发展的全部。发展所包含的活动比学习更广泛、更深入。发展将学习推向更高的层次，并使团队将学习的知识运用到实践之中。

　　从小到大，我们学习了很多知识，但是只有使用了知识并将知识与实践相结合，我们才能够发展。下面的案例与讨论能够帮助我们理解学习与发展的区别。

案例与讨论　学习与发展

　　路易斯新入职的公司每年都会为员工提供免费的培训，培训内容针对不同岗位和不同学历的员工有所差异，这是为了能够让大家更快地进步。今年报名的时候，路易斯

> 考虑到自己是新员工，所以报名参加了培训，但是，他更想在工作之余享受生活，所以积极性不高，应付了培训后就不再理会新知识了；而同组的茉莉则对课程很积极，还额外报名了相关的收费课程，以便于更加系统化地学习。她想用新知识提高自己的工作效率。经过一段时间的培训，茉莉能够熟练地将学习到的新知识运用到实践中，在自身得到发展的同时，其工作效率和质量都有很大的提高。
>
> **问题：**
> 通过上面的案例，你能否体会到学习与发展之间的区别？
>
> **总结：**
> 此处的发展专指能够把课堂或培训中所学的知识运用到实践中，来提高工作绩效。如果一项活动仅仅有学习的过程而没有应用的过程，我们就不能称其为发展。

推动团队的发展是团队领导的目标之一。团队领导希望团队成员学以致用。要做到这一点，首先，必须制订学习计划；其次，实施学习计划，将所学内容应用到实践；最后，进行总结。不管是从团队成员的角度，还是从团队的角度，学习都是为了能够更好地发展。可能有的学习比较特殊，但是，一般而言，学习能使团队成员获得技能和知识或使整个团队进步。

管理团队的绩效目标，对团队成员进行评估和检查，这些都是团队领导必须做的事情。团队领导很重要的一项任务是对团队成员的学习和发展进行管理（或者提供学习和发展的机会）。下面的评测与评估可以帮助你明确团队领导应该如何做。

评测与评估　团队领导的责任

指导：
为了对团队成员的发展问题负责，你做了哪些工作？请在以下内容中选择：
- □ 管理团队成员的绩效
- □ 确定绩效差距
- □ 与团队成员共同确定目标
- □ 决定和安排学习方案
- □ 亲自学习和培养团队成员
- □ 将培训委托给其他团队成员
- □ 评估学习或发展活动
- □ 评估发展的有效性

□ 评估投入的有效性

总结：

如果你的工作包括上面这些要素，说明你确实在行使团队领导的职能；如果你成功而且有条理地完成了这些工作，说明你是个优秀的团队领导。然而，即使你很优秀，在技能、方法和计划等方面，可能你也有需要改进的地方。

团队领导积极参与团队学习活动，并对团队成员的学习和发展进行管理，这有利于：团队成员发展；在团队领导与团队成员、团队成员与团队成员之间建立良好关系；提高团队整体实力；激励团队成员，鼓励他们成长和发展；鼓励团队成员积极发挥其主动性；从长远的角度看，促使团队领导充分利用时间，处理重要事务。

20.2 发展目标

20.2.1 考虑现在

团队领导在努力使团队成员的发展符合成员的个人需要的同时，也应当确保团队成员的发展与团队和组织的整体目标相符合。一般而言，团队成员在团队中培养的能力必须服务于组织目标，并为实现组织目标做出贡献。

团队领导可以了解组织在中短期想要达到的目标，以确定团队的绩效目标；帮助成员制定各自的目标，以保障团队的绩效目标的实现，进而实现组织目标。

在绩效评估活动中，团队领导应对团队整体目标和成员个体目标进行分析，找出期望达到的绩效和实际绩效之间的差距。根据这些结果以及各种需求信息，团队领导可以明确成员学习或发展的需求，以便弥补差距，实现目标。

20.2.2 把握未来

一个组织可能还会有战略性的远景目标。这个目标为组织的未来确定方向，帮助团队领导确定发展要求。组织的战略重点可能会放在提高客户满意度、提高组织生产率或提高成员应变能力等方面。成员个人在设定自己的发展目标时也应当设定远景目标，因为发展是一个持续的过程，它将不断延伸。

组织战略目标、绩效与个体发展的关系如图20-1所示。

下面我们将通过案例与讨论来说明培训与战略目标之间的相互关系。

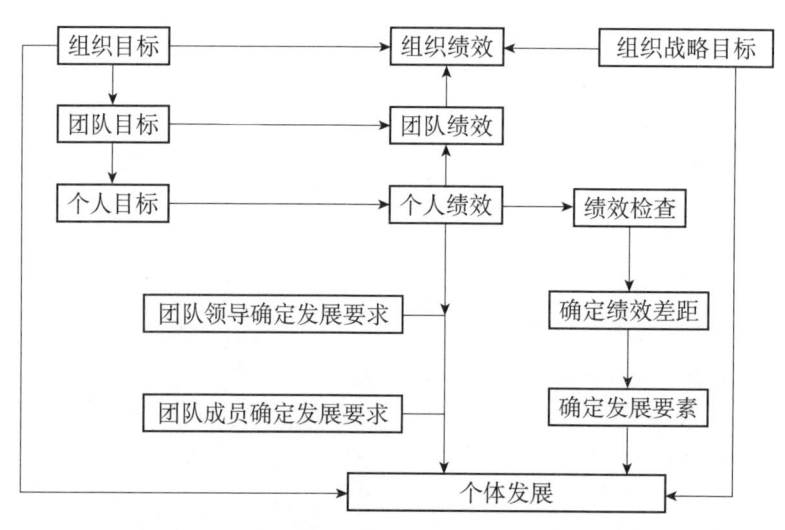

```
┌─────────┐      ┌─────────┐    ┌───────────┐
│ 组织目标 │─────▶│ 组织绩效 │◀───│组织战略目标│
└─────────┘      └─────────┘    └───────────┘
     │                ▲
     ▼                │
┌─────────┐      ┌─────────┐
│ 团队目标 │─────▶│ 团队绩效 │
└─────────┘      └─────────┘
     │                ▲
     ▼                │
┌─────────┐      ┌─────────┐    ┌───────────┐
│ 个人目标 │─────▶│ 个人绩效 │───▶│ 绩效检查  │
└─────────┘      └─────────┘    └───────────┘
                                      │
                                      ▼
        ┌───────────────────┐   ┌───────────┐
        │团队领导确定发展要求│──▶│确定绩效差距│
        └───────────────────┘   └───────────┘
                                      │
                                      ▼
        ┌───────────────────┐   ┌───────────┐
        │团队成员确定发展要求│──▶│确定发展要素│
        └───────────────────┘   └───────────┘
                      │                │
                      └──────┬─────────┘
                             ▼
                       ┌──────────┐
                       │ 个体发展 │
                       └──────────┘
```

图 20-1　组织战略目标、绩效与个体发展的关系

案例与讨论　培训与组织战略目标之间的关系

　　迪士尼乐园（以下简称迪士尼）是世界上最受欢迎的游乐场所之一。它备受人们喜爱的一部分原因是其经营理念和服务理念简明又实际。营造欢乐氛围，把握游客需求，提高员工素质和完善服务系统，这就是迪士尼的宗旨，也就是常说的战略目标。把握和了解迪士尼的宗旨并不难，难的是把这些宗旨落实到实际工作之中。落实迪士尼的宗旨成为每一位迪士尼员工不断追求的目标。

　　为了达到这一目标，迪士尼花费了大量的财力和人力对员工进行系统的相关培训。例如，迪士尼的员工碰到儿童问话时要蹲下。蹲下后，员工的眼睛跟儿童的眼睛要保持水平，不要让儿童抬着头讲话。

　　此外，迪士尼的员工需要学习如何拍照。各种相机摆在一起，员工要学习并掌握这些相机的使用方式。因为，游客会请员工帮忙照相，而游客所携带的相机多种多样，如果员工不会使用游客携带的相机，就无法更好地为他们拍照。

　　为了能让游客感受到迪士尼的氛围，充分享受欢乐的时光，迪士尼还进行了其他培训。这也是迪士尼获得发展的原因。

　　问题：
　　客户服务为什么重要？对员工进行客户服务培训与组织战略目标之间存在什么

关系？

总结：

结合上述案例与图20-1，我们可以看出，组织战略目标决定了组织与团队的发展需要，从而决定了成员培训的内容。

下面的训练与练习可以帮助你理解团队的发展与组织战略目标之间的相互关系。

训练与练习　团队发展需求

问题：

你所在组织的整体发展方向和目标是如何影响团队发展的？如果回答这个问题有困难，你应当先思考和调查以下问题：

- 你所在组织的发展目标是什么？
- 你所在团队的发展目标是什么？
- 你知道组织未来的发展方向吗？（如果组织有战略计划，你可以查一查；如果没有，你也可以自己分析组织的未来设想）
- 你所在团队和你个人未来发展的重点是什么？
- 如何将组织发展目标反映在你所在团队的发展计划中？

总结：

对上面几个问题的思考有助于你明确所在团队有哪些发展需求，以便更好地实现组织的发展目标。

20.3　发展周期

发展是一个循环过程。图20-2表现了一个典型的发展循环周期。

从图20-2中我们可以看出，虽然各个步骤不同，但是，它们在实践中经常融合在一起。比如，当团队成员扮演一个新的角色时，对他们的支持和目标检查会融合在一起，而目标检查又会确定新的发展需求，以及与循环中的其他元素融合在一起。

我们可以通过这个发展循环周期中的各个步骤标题的首字母，即IASPIRE，来记住这些步骤。团队领导和团队成员将要共同经历这些步骤。

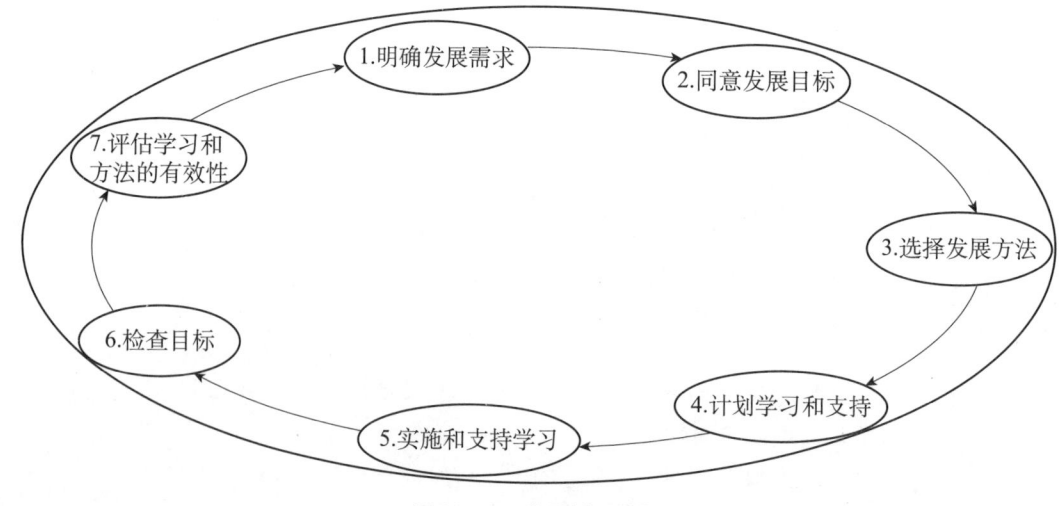

图 20－2　发展循环周期

步骤与方法　发展循环周期（IASPIRE）

- Identify needs——明确发展需求；
- Agree objectives——同意发展目标；
- Select the method——选择发展方法；
- Plan the learning and support——计划学习和支持；
- Implement and support the learning——实施和支持学习；
- Review the objectives——检查目标；
- Evaluate the effectiveness of the learning and the method——评估学习和方法的有效性。

本单元将对这个发展周期中的一些步骤加以讲解。在本节中，我们先重点学习前面三个步骤：明确发展要求、同意发展目标和选择发展方法。

20.3.1　明确发展需求

明确发展需求，需要回答以下三个问题：
- 当前团队成员了解什么？在做什么？
- 要想实现组织近期和远期的目标，团队成员需要具备哪些知识和技能？能够采取哪些行动？
- 什么样的学习和发展机会能够使他们的技能和能力得到提升？

你可以采用以下正式的方式来评估团队的发展需求：

- 进行绩效考核，根据考核结果明确团队的发展需求；
- 直接根据组织发展目标制定团队目标，来明确团队的发展需求。

除了上述内容，团队领导还必须了解团队成员的个人情况，分析要点，做到知己知彼。

下面的训练与练习可以帮助你进一步明确发展要求。

训练与练习　明确发展需求

问题：
- 回顾日常工作，你如何用非正式的方式来识别成员的发展需求？
- 在什么情况下你才能明确团队成员或整个团队的发展需求？

总结：

识别发展需求的方式有许多，包括正式方式和非正式方式。识别发展需求的关键是找到团队目前状况与绩效要求之间的差距。明确发展需求可以通过非正式的方式，例如，考察团队成员是否存在以下的情况：

- 个别团队成员的技能、知识或能力欠缺；
- 个别团队成员工作效率低下或者失误率过高；
- 个别团队成员或管理人员对个别团队成员的工作不满；
- 个别团队成员在已经接受过训练的领域仍旧缺乏自信、需要支持；
- 个别团队成员的不良绩效造成了团队的损失；
- 个别团队成员要求针对自己想要解决或不擅长的问题接受培训；
- 个别团队成员有职务提升或角色转变的要求。

除了上述情况，遇到以下情况时，团队成员也需要进行学习和培训：

- 团队新成员开始工作时；
- 为团队制定新目标时；
- 业务发生变化或引进新设备和新程序时；
- 由于责任、规程或政策发生变化，需要新技能和新知识时；
- 团队的工作内容发生改变时；
- 团队成员的角色发生改变时；
- 团队成员没有达到预期绩效要求时。

20.3.2　同意发展目标

虽然，发展目标和组织目标紧密相连，但是，它们还是有差别的。组织目标一般是直接目标或实际目标，我们可以通过学习或接受相关培训来保证目标的实现；发展目标是对技能、知识和能力的要求，只要发展需求得到明确，一个组织目标就可以生成若干发展目标。比如，某组织的一个目标可能是"每天至少能够接待 25 个需要咨询的客户"，而与此相关的发展目标可能是"在 7 月底之前，提高团队成员对问题的诊断能力"，以及"到下个月，团队成员要熟练掌握文件处理程序"。确定的发展目标得到相关人员的同意后，我们就可以进入周期的下一步了。

20.3.3　选择发展方法

团队领导必须根据团队成员的特点和具体的环境来仔细考虑合适的发展方法。选择合适的发展方法取决于诸多因素，这些因素包括：团队成员个人的技能水平；团队成员个人的经验；团队成员的自主性和能动性（比如对于自主能动性强的人来说，自学方法可以发挥很大作用；而自主性和能动性差的人则需要更多的支持）；团队成员的年龄（比如对于参加计算机培训的人来说，年龄很重要）；团队成员工作和学习的方法；组织在时间、工作、资金方面支出的成本；资源的可用性；等等。

下面这个训练与练习，可以帮助你对可用的培训资源进行分析。

训练与练习　分析可利用的培训资源

问题：

目前有哪些培训资源是你正在利用的？将它们制成表格，比如培训课程、远程学习或其他训练等。

还有哪些培训资源是可利用的但现在没有利用的？也将它们制成表格，并在每个培训资源的旁边简要注明你没有使用该培训资源的原因。

总结：

在决定使用什么培训方法之前，要搞清楚团队目前能够得到的培训资源，并分析这些培训资源的状况。

在明确了团队成员的特点和具体的环境后，我们就可以根据情况选择具体的发展方法。下面介绍的是一些发展的主要方法。

步骤与方法　发展的主要方法

1. 脱产培训

脱产培训是一种利用外部资源（如大学或培训机构）提供的课程，进行发展的方法。脱产培训课程是团队成员获取知识和技能的好方法。

第20章　学习与发展

脱产培训有很多优点，如课程系统化、培训专业化等。但是，脱产培训也有一些缺点，如脱产培训要让团队成员放下手中的工作，这在很多组织中存在困难；培训要花大量时间，而且费用很高……这些因素导致团队无法经常采用脱产培训的方法。团队可以借鉴以往的经验（来自自身或他人的经验）对脱产培训加以改进和完善。

脱产培训的主要方法包括以下几种：
- 正式的委托培训；
- 研讨会；
- 开放式学习项目或远程学习项目；
- 示范或演示。

下面的训练与练习帮助你思考脱产培训的方法。

训练与练习　脱产培训的方法

问题：

你现在能够接触到哪些脱产培训的学习资源？请结合上面列出的方法，回答以下问题：
- 你使用的是哪一种方法？
- 是否有些方法你不曾使用？如果是，说出你不使用这些方法的原因。
- 怎样才能使上述方法更易于使用或者更有效？

总结：

让团队成员去参加脱产培训班并不是满足他们发展需求的最佳方法。如前所述，脱产培训课程可能很昂贵，组织培训可能要占用大量的时间，而且可能会导致团队成员工作中断。除此之外，脱产培训课程的设计一般不会针对某一特定成员，甚至也不会针对某种特定业务。因此，脱产培训课程的针对性不强。

2. 在职学习

在职学习的方法非常有效，它与实际工作联系紧密，可以满足随时出现的特定工作要求。

在职学习的主要方法包括以下几种：
- 工作观摩——成员观察具有丰富经验的同事如何进行工作；
- 岗位轮换——成员通过同其他人轮换工作岗位进行学习；
- 训练——在任务或项目中，培训师对成员实施一对一的引导和支持；
- "伙伴工作"，或者叫同行指导——这种方法介于工作观摩和训练之间，即在具有丰富经验的同事身边，对该同事进行观察、提问和实验来学习。

通过下面的训练与练习，你可以全面准确地了解在职学习的方法。

训练与练习　在职学习的方法

问题：

目前你的团队所采用的在职学习方法是什么？不同的方法有不同的优点与缺点，你可以结合自己的工作进行思考，并在表20-1中简单记录。

表20-1　在职学习方法评价

在职学习方法	优点	缺点

总结：

表20-2总结了在职学习方法的优缺点。

表20-2　在职学习方法的优缺点

在职学习的优点	在职学习的缺点
○ 对团队和学员的具体要求有针对性 ○ 减少对工作连续性的干扰（但依然存在） ○ 成本较低 ○ 可以随时处理出现的问题 ○ 所学知识和实际联系紧密 ○ 有利于建立合作和信任的关系 ○ 有助于学员和教练实现自己的价值 ○ 可以确保所学的知识与工作有关系 ○ 可以在培训过程中检查进展，以了解学习是否有效	○ 占用个人更多的时间 ○ 效果取决于教练或培训师的技能和知识 ○ 对工作进展有影响 ○ 人们还不完全承认在职学习属于真正的学习

通常，团队领导无法充分利用团队内部资源进行培训。但是在工作中花时间培训和学习是非常有效的投资，这可以使团队保持良性运转。

表20-3总结了一些常用的学习方式，这将有利于你完成后面的练习。

表20-3　常用的学习方式

委托培训	整个项目或全部任务额外的责任；新的任务	该项目的负责人或发起人 愿意承担更多任务的人 希望得到晋升的人
工作观摩或"伙伴工作"	有针对性的活动或任务；岗前培训	团队新成员 难以胜任某项工作的人 有必要了解个人、团队或部门工作方式的人

续表

岗位轮换	在较长的时间里熟悉新的角色和任务	积极主动、能将全新的观念和技能带回自己的工作场所、愿意学习新技能的人 想承担更多的任务和增强灵活性的人
训练	整个项目或全部任务	有潜力和能力但没有经验的人 从未从事过某项工作的人 愿意承担更多责任的人 想巩固现有技能的人 理论丰富却没有实践经验的人

下面的训练与练习可以帮助你练习两方面的内容：一是明确团队培训需求，你必须与成员就培训需求达成一致；二是选择可能的培训方法。

训练与练习　培训需求与培训方法

指导：

第一部分：明确团队培训需求。你需要了解以下几点：
○ 团队的目标；
○ 团队任务的胜任资格；
○ 团队的核心活动、技能或能力清单；
○ 团队发展要求矩阵表。

然后按照以下的格式和要求完成表20-4：在团队发展需求矩阵表的左边填写每个团队成员的名字，在团队发展需求矩阵表的上方填写为实现目标所要求的团队技能和能力，评定每个团队成员的各项技能或能力等级。注意，你应当与自己团队的成员共同完成这项工作。

○ C—胜任（不需要培训/发展或支持）
○ U—未发展（需要支持和发展）
○ N—不胜任（需要培训或发展）

确定优先要求——对评定为U或N的需求做出注解，指明哪些要优先解决。

表20-4　团队发展需求矩阵

团队成员	团队技能/能力					优先要求

第二部分：选择可能的培训方法。

按照下面的提示完成表20-5：从第一部分的团队发展需求矩阵表中采集需要的信息；在第一列里填入团队成员的名字；将团队发展需求矩阵表的最后一列中的优先要求填入到第二列当中；仔细考虑每一个优先要求，然后为每一个要求选择一个或多个恰当的培训方法，并将结果填到最后一列中。

表20-5　团队成员培训需求表

团队成员	发展需求	解决方案

总结：

通过这个练习，你可以确定团队成员的培训需求和适当的培训方法。根据团队成员的能力状况决定他们在哪个领域需要发展并筛选出优先发展的领域，最后根据团队的资源状况决定采用哪种方法进行培训。

本章小结

通过本章的学习，首先，你需要了解学习与发展的区别；其次，通过考虑现在和把握未来明确发展目标；最后，按照发展循环周期的步骤，明确发展需求、同意发展目标、选择发展方法，利用多种发展方式完成团队的发展。

思考与练习

1. 发展周期包括哪几个部分的内容？
2. 发展目标和组织目标的联系和区别是什么？
3. 常用的培训方式有哪些？

第 21 章　支持团队学习

> **学习目标**
> 1. 了解团队领导在支持团队发展方面扮演的角色；
> 2. 掌握团队领导支持团队成员学习的方法；
> 3. 掌握正式审查与非正式审查；
> 4. 重点掌握评估学习效果的方法。
>
> **学习指南**
> 　　为团队成员提供学习和发展的机会看似不难，但是，在实际操作过程中涉及的问题可能比你想象的要多很多。要使学习或者培训活动取得更好的效果，团队领导要做的或许更多。本章着重讲解团队领导在支持团队发展的过程中所扮演的角色，以及如何促进和鼓励团队成员去学习。
>
> **关键术语**
> 　　支持团队的发展　支持个人的发展　支持经验学习　审查与评估的方法

21.1　支持团队与个人的发展

21.1.1　支持团队的发展

　　团队领导在支持团队发展的过程中能够扮演的角色是多种多样的：导师、教练、教师、培训师，还有最重要的一个角色——鼓励者。团队领导不仅要制定并掌握有效的发展方法，还必须使它成为团队工作的重要组成部分。

　　团队领导要让团队成员明白他们所承担的工作以及完成工作的方式都具有实际价值，并且与个人的绩效关系重大，需要让团队成员直接感受到自己的重要性。

　　团队领导的支持作用包括帮助团队成员发展技能和知识，促进组织目标和团队目标的实现。团队领导要想具备这种能力，必须做到以下几点：

- 让团队成员了解自己的重要性；
- 经常与团队成员沟通，并参与到他们的工作中去；

○ 不断鼓励团队成员。

下面的评测与评估可以帮助我们评估团队要想发展，需要做出哪些努力。

评测与评估　对发展所做的努力

指导：

根据自己的情况，针对表21-1的问题，在"从不""很少""有时"或"经常"四个答案中做出相应选择。

表21-1　对发展所做的努力

陈　述	评估			
	从不	很少	有时	经常
我相信，如果所有团队成员共同努力，团队就能够得到改善和发展				
我告诉团队成员项目的进展，并向他们提供尽可能多的信息				
我很坦诚，在工作上对团队成员毫无保留				
我向团队成员说明我能为他们提供哪些支持和帮助				
我鼓励团队成员提出问题				
我诚实地回答问题				
有错误时，我勇于承认				
我就团队成员本身和团队的工作征求团队成员的意见、想法，了解他们所关心的事情				
我尽量避免事先做出决定，不会让我的偏见妨碍我的判断				
进行讨论、制定决策和解决问题时，我参与到整个团队中去				

对于以上的各项陈述，采用下面的方法计分并算出得分的总和：

从不＝0分；很少＝1分；有时＝2分；经常＝3分。

总结：

将上述各问题分数累加，参照表21-2了解自己为发展做了哪些努力。

表21-2　得分总结

得分	评价	详细总结
26~30	好极了	你在实施发展计划时出现问题的概率非常小
20~25	令人信服	你完全信守开放和发展的理念

第21章　支持团队学习

续表

得分	评价	详细总结
11～19	缺乏自信	你可能正在为发展做准备，但是如果你不做说明，那么上述信息就不会为人所知；你可能需要上级为自己提供更多的支持，否则需要付出更多的努力
5～10	非常不稳定	你需要更多支持来控制局势，与自己的同事或上级进行讨论，可能对你有所帮助
0～4	完全不足以令人相信	要么是你还没有把握全局，不了解诸多针对你的约束和限制；要么就是你并不适合现在的工作，因此你必须仔细考虑自己的工作态度以及工作中存在的限制条件，尽快改变现状

支持团队的发展还需要关注以下两点。

1. 树立典范

对于团队发展来说，采用"夸夸其谈"的方法是没有意义的，团队领导应该从自己做起，重视团队发展，带动他人一同参与。只有实实在在的行动才能证明我们为团队发展所做的努力。

2. 协同个人的发展

如果团队领导对个人发展十分了解，并且把学习和发展当作团队工作的一部分，那么，团队也会随着个人的发展而发展。问题的关键在于，个人的发展必须整合为一项团队活动，而这项团队活动不能只是零碎的个人工作的集中。团队领导不仅可以通过协调、计划和组织来完成这个任务，还可以通过在团队中营造下述氛围来实现该目标，如图21-1所示。

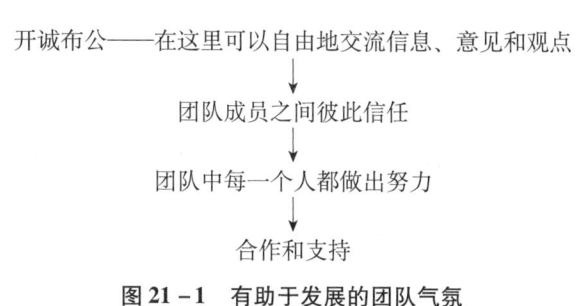

开诚布公——在这里可以自由地交流信息、意见和观点
↓
团队成员之间彼此信任
↓
团队中每一个人都做出努力
↓
合作和支持

图21-1　有助于发展的团队气氛

训练与练习　创造合作氛围

问题：

仔细思考，你能够采用（或已经采用）什么方法提高团队成员对工作的参与程度，并

营造出团队合作的氛围？

总结：

你可能会采用以下方法：
- 及时向每个团队成员提供可能对他们产生影响的信息；
- 向团队成员解释事情发生或改变的原因；
- 在团队会议中鼓励团队成员进行讨论；
- 征求团队成员的意见并认真倾听；
- 对于团队成员的建议，要认真思考并关注后续发展情况；
- 随时接受团队成员的提问；
- 让团队成员主持团队会议；
- 让团队成员提出自己的观点；
- 委派职责，以帮助团队成员发展；
- 组织团队活动。

21.1.2 支持个人的发展

在本节中，我们通过一个案例来学习如何支持个人的发展。

案例与讨论　一次培训经历

> 斯蒂夫两年前参加过一段时间的培训，他觉得那次培训没有任何效果，所以很长一段时间，他不参加任何培训，认为各种培训都是骗人的。但是随着时间的流逝，斯蒂夫发现自己的工作效率越来越低，还惊奇地发现与他一同参加培训的肯纳大有改变，这让他非常不解。
>
> **问题：**
> 斯蒂夫的培训经历不太理想，可能是什么地方出了问题？
> 如果你是团队领导，你认为需要怎样做才能避免类似的问题？
>
> **总结：**
> 斯蒂夫的培训经历可能在以下几方面存在问题：
> - 没有制订发展计划；
> - 没有事先进行准备，比如进行课程预习；
> - 课程的时间安排不当；
> - 课程理论性太强，对斯蒂夫来说可能太高深了一点。

第 21 章　支持团队学习

> 团队领导可以做下面的尝试：
> ○ 设定环境并且为学习制订计划，让团队成员能够观察或观摩别人的工作；
> ○ 由来自其他团队的成员事先对参加培训者进行指导，这样他们就有了第一手的经验；
> ○ 确保团队成员在培训后有机会使用这些知识——可以委派一些工作；
> ○ 不派该团队成员去参加培训，只让他在工作中接受训练，或者让其他团队成员在培训结束后对他进行指导。

为了支持团队成员学习，团队领导必须花时间为他们制订发展计划，还需要了解团队成员的学习方式，这样才能帮助他们找到最佳的学习方式和学习机会。

21.2　支持经验学习

实践是最好的学习方法。同时，我们还可以通过接受教育、观察，以及吸取书本知识和别人的经验等途径来学习。从经验中学习或"实践学习"的方法是指 KOLB 学习周期的方法（相关内容见 2.1 "KOLB 学习周期"介绍）。任何一个单独的阶段都不能实现完整的经验学习过程，但每一个阶段都会将学习过程深化，并进入下一个阶段，而且每个阶段都同样重要。经验学习可以从任何一个阶段开始，只要同等对待，选择哪个阶段为开端都不会使学习的质量出现差别。

下面我们来探讨一些经验学习中的细节问题。

21.2.1　思考和讨论

思考和讨论对于学习是至关重要的。将学习的知识、得出的结论、结论的应用这三方面结合在一起思考，意味着将学习经验转化为发展成果。学习不但需要投入时间进行思考，还需要积极地提出问题并进行讨论。思考和讨论可以帮助我们：承认感觉和直觉的重要性；由表及里、由浅入深；回顾和交流。

下面的训练与练习可以帮助你掌握促进学习的方法。

训练与练习　促进学习的方法

问题：
你如何帮助成员思考自己所学的知识？

总结：

你在帮助团队成员学习时，可能会：
- 经常询问团队成员的工作进展情况；
- 只要出现问题，就及时组织讨论；
- 平易近人，让团队成员相信你是来提供帮助的；
- 鼓励团队成员多谈困难并进行解决；
- 执行长期方案时定期实施审查；
- 要求团队成员根据主题进行准备，然后向团队或其他成员进行示范或演讲；
- 要求团队成员为别人进行培训。

21.2.2 计划和应用

每一项学习活动都需要有一个有效的计划。没有计划，督导、审查或评估，会使团队领导对活动的进程和效果一无所知，会使活动无法进行。

通过下面的训练与练习，你可以学会如何制订学习计划。

训练与练习　制订学习计划

问题：

学习计划应包括哪些内容？

总结：

学习计划可以包括以下内容：
- 学习目标——便于团队领导在学习结束时审查学员取得的成绩；
- 学习目标如何对团队和组织目标起到促进作用（哪些目标与团队目标和组织目标相关）；
- 学员现有的能力和经验水平；
- 学员的动机、自信心以及首选的学习方式；
- 学员通过学习要实现什么，或者要提高什么；
- 培训的开始日期；
- 培训的结束日期——便于团队领导确定审查日期；
- 确定审查日期——便于团队领导审查学员的进步情况；
- 有必要的话可以设定更深层次的学习目标。

要想更好地完成工作，我们就需要将所学到的知识付诸实践。下面这个训练与练习介绍了几种学以致用的方法。

第 21 章 支持团队学习

训练与练习　学以致用

问题：

你如何帮助团队成员将所学知识付诸实践？

总结：

在帮助团队成员学以致用时，你可能会使用以下方法：
- 寻找各种机会，使团队成员能够用实践检验所学；
- 委派相关的职责，并且督导进展情况；
- 执行任务时，让团队成员观摩经验丰富的人如何工作，并与之进行座谈；
- 让团队成员之间互相协助。

下面审查和评估的内容将以上述的学习计划为依据。

21.2.3　审查和评估

1. 审查

审查学习效果的方式可以是正式的，也可以是非正式的。审查时，团队领导需要回顾学习计划，将学习计划与传授的知识进行对比，来审查学习活动是否满足了学员的需求。它要解决的问题是：学习是否有效？

审查可以在学习的不同阶段进行，团队领导最好：在学习的过程中进行非正式的审查；在学习活动刚结束时进行正式的和非正式的审查，其目的是检验和评估学习方法、学习效果以及学习的内容，同时检查目标的实现情况；在学习结束后的两周或一个月时间内实施复查（检查培训是否发挥了作用），同时还要考虑如何帮助学员举一反三。

步骤与方法　审查的方法

1. 非正式审查的方法

团队领导必须寻找机会以非正式的方式和个别学员交谈，了解他们的学习情况、学到的知识以及工作的进展。同时，团队领导还需要对学习活动进行督导，这有助于评估培训师或教练的绩效。评估培训师或教练的绩效最好的反馈来自接受培训的学员。团队领导可以请培训师或教练参与到评估活动中来，他们也将对教学加以审查。如果必要，他们还可以提供支持、鼓励和建议。在进行非正式审查时，团队领导应注意以下几点：

（1）确定自己有时间进行交谈和倾听；

（2）如果没有多余的时间或者不熟悉相关内容，可以将任务委派给团队中时间较充裕而且了解主题的成员；

（3）保持平易近人的态度；
（4）开放式地提问，鼓励学员表达自己的想法；
（5）耐心地询问他们在学习过程中的问题，不论这些问题有多琐碎；
（6）主动倾听学员的诉说；
（7）注意倾听学员言语之外（如肢体语言）的内容，鼓励他们说出自己的真实想法；
（8）提出建议，但不直接告诉他们要做什么；
（9）就学习的情况征求学员的意见（如是否能够跟上进度）；
（10）通过仔细提问，了解学员对教学方法、教学内容、培训师或教练等的满意程度；
（11）观察学员现在是否遇到了困难；
（12）赞扬并鼓励学员。

2. 正式审查的方法

学习活动的正式审查注重的是成果。如果团队领导事先与学员拟订了条理清晰的学习计划，那么审查的框架就确定了。团队领导应与学员一起仔细审查学习目标和衡量标准，并询问他们对学习方法、学习内容和培训师或教练的表达能力的看法。正式审查需要设定一个时间表，并且按计划执行。正式审查需要加以记录，否则无法根据其他活动来评估审查，也不能检验学员的进步。典型的正式审查需要回答以下问题：

（1）学习活动是否达到了学习目标？
（2）学习活动是否达到了衡量标准？学员是否能够完成规定的任务？
（3）学员都学到了什么知识？
（4）这些知识是否条理清晰，易懂而且与目标相关？
（5）学习实践活动中哪些方面做得较好？
（6）学习实践活动中哪些方面需要进一步改进？
（7）关于如何改进有何建议？
（8）在工作场所中，学员将如何运用学到的知识？
（9）是否有针对将来的更进一步的指导或培训？

2. 评估

评估就是衡量学习对业务、团队和学员的价值，既要评估学习方法也要评估学习的有效性。它要解决的问题是：学习对哪些方面会产生作用？是否值得为学习投资？

步骤与方法　评估学习效果的方法

对学习效果进行评估是审查过程的一部分。培训结束时，针对目前的学习方法和活动本身进行的评估，只解决学习了什么的问题；针对学员是否能学以致用的评估必须在培训

第 21 章 支持团队学习

结束一段时间后才能进行。该评估是最终评估的一部分。评估需要包括以下一些要点，并需要加以记录。

1. 评估学员对学习的反应

学习结束后团队领导应尽快了解学员对本次学习的感受。例如：

（1）学习是否愉快？

（2）培训师或教练的授课条理是否清晰？

（3）有无改进的方法？

2. 评估学习内容

在培训活动结束几周后团队领导实施该项评估。例如：

（1）学员在培训中是否学到知识和技能？

（2）学员是否能在工作中应用培训所学的知识和技能？

3. 评估学习对学员的工作或行为造成的影响

在培训活动结束几周后团队领导实施该项评估。例如：

（1）学员现在（培训结束后）是否可以完成以前不能完成的工作？

（2）学习给学员的工作和工作能力带来了哪些益处？

4. 评估学习的结果

此项评估与学习的效果和学习的投资价值有关。要得到精确的结果并不容易，而且在相当长的时间内可能都看不到结果，学员本身也可能无法回答这些问题。因此，这也可能是团队领导的职责所在。在某些组织中，根据成本评估学习效益属于人力资源部门或培训部门的职责。例如：

（1）学习使学员的工作效率有了多大提高？

（2）学员在工作中的错误率降低了多少？

（3）团队的产量或者工作的业务量有多大程度的增加？

（4）整体效率有多大幅度的提高？

上文讲述了进行评估的四个层次，各层次开展的时间、内容及难度各不相同，在实际中应视具体情况灵活掌握。

下面的训练与练习将帮助你制订一个计划，以支持团队成员的培训活动。这个活动可以是脱产培训或者一次训练，也可以是一次在职培训。你不一定要亲自参与培训或训练。

训练与练习　　支持计划

问题：

首先，你要就各项内容与学员取得一致意见：

- 你确信学员了解预期的结果是什么；
- 学员同意确定的需求；
- 学员同意学习目标；
- 学员同意你用于检查目标是否实现的方法（测量标准）；
- 学员同意关键的学习要点和关注的重点；
- 你要与学员讨论学习活动之前、活动之中和活动之后需要的各种支持。

其次，你要进行学习安排，安排好以下内容：
- 地点或场所；
- 学员的学习时间；
- 住宿安排；
- 设备；
- 其他信息。

最后，完成表21-3（你可以修改这个表格，或根据需要制作一个新的表格）。

表21-3 学习计划与行动表

学习行动计划			
日期：			
姓名		学习方法	
培训师或教练		活动/任务/主题	
发展要求			
发展目标			
当前技能或能力水平（详细具体）			
需要的技能或能力水平（详细具体）			
测量标准（你如何知道目标已经实现）			
给团队带来的利益 （和哪个团队目标或未来需求联结在一起）			
给组织带来的利益 （和哪个组织目标联结在一起）			
需要的额外支持（类型/由谁提供）			
开始日期/结束日期	开始： 结束：		
检查日期			
评论与总结			

第21章　支持团队学习

总结：

本练习可以帮助你思考，在具体的培训活动中如何提供各方面的支持。通过上面的练习，你可以学会如何做好培训的服务与辅助工作。

本章小结

本章介绍了支持团队发展的方法、支持个人发展的方法和支持经验学习。在支持团队发展的过程中，团队领导扮演的角色至关重要。经验学习的效果可以通过正式或非正式审查进行衡量。团队领导要了解学习效果的评估方法。

思考与练习

1. 团队领导在支持团队发展的过程中通常扮演什么样的角色？
2. 在日常工作中，你的团队领导帮助成员学习会使用哪些方法？
3. 正式审查与非正式审查有什么区别？
4. 评估学习效果的方法有哪些？

第 22 章 训练与培训

> **学习目标**
> 1. 了解培训的步骤；
> 2. 掌握训练与培训的区别；
> 3. 重点掌握训练的五个步骤。
>
> **学习指南**
> 　　除了对活动进行恰当的计划、组织、审查和评估，学员还需要进行实际的训练。本章将介绍如何进行训练，并说明训练过程中需要掌握的技巧；培训比训练更简单，时间更短而且内容更简洁，因为它往往只关注单一的任务。本章将对培训的步骤和要点进行介绍。
>
> **关键术语**
> 　　训练与培训　　训练的五个步骤　　培训的六个步骤

22.1　训练与培训的区别

我们将训练和培训的区别归纳如下，如表 22-1 所示。

表 22-1　训练与培训的区别

训　　练	培　　训
属于发展活动	属于学习活动
用于整个工作、项目和新的职责，如编制报告、分配资源、管理工程等	用于目的明确、短期的实用技能或技术和程序，如计算机软件应用培训
针对技能、思考能力、解决问题的方法、可以提高绩效、将知识转化到实际工作中	针对技能和具有清晰结构的程序进行培训，提供明确的指导、帮助理解
督导和支持活动贯穿于整个训练课程之中	培训课程一般只持续讲授一次（授课之后在工作场所里进行督导和检查）
方式有听讲、互动式的探讨、指导、反馈和提出建议	方式有解释、示范和有指导的实践，还有反馈

我们可以把训练理解为：学员从别人的经验中学习和发现，从而提升自己的技能；同时，学员通过目标明确、有指导的讨论来获得支持的发展活动。

训练与练习　训练的实施要点

问题：
教练在进行训练的时候，以下哪些做法是正确的？
① 只要学员动手，就告诉他们怎么操作。
② 让每个学员完全按照指导者的方式操作。
③ 让学员在业余时间自己解答疑问。
④ 学员如果操作错误，不要急于批评，鼓励他自己找到错误原因。

总结：
在以上做法中，④的做法最适宜。以下是针对训练活动的实施要点。
○ 教练应该让学员自己去发现，而不直接告诉他们要做什么和怎么做；
○ 学员相互交流"实际"的经验，而不是模仿的经验；
○ 教练应该对学员的讨论和提问进行指导；
○ 教练应该在训练过程中不间断地对学员进行鼓励和支持。

总而言之，训练的目标是让学员在相对安全的环境中通过实践得到知识，从而提高思考问题和解决问题的能力。

22.2　训练的五个步骤

训练包括以下五个步骤。

1. 计划和建立

一般来说，教练要为学员计划好每一件训练相关的事情，使学员能够通过努力完成工作。同时，教练还应该围绕关键点调整教学风格，考虑不同的环境和个人的具体情况，比如，有些学员可能需要更多的鼓励和指导，而有些学员可能更愿意在上课期间单独学习。

2. 简要介绍

教练要正确了解自己的目标，学员也要正确了解自己的预期目标，双方需要达成一些共识。在课程开始前的简要介绍中，教练要说明训练的方案、所采用的方法和它们之间的相互关系。教练最好列一个提纲，并做好记录。

3. 支持

教练更多的是在帮助学员、为学员提供支持，而不是妨碍学员。尽管教练对训练有着绝对的控制权，但是，最好不要过多地干扰学员。

4. 督导和检查

有些教练将训练项目分解为多个任务或阶段，在每个任务或阶段完成后进行检查；也有些教练可能在每天开始或结束时用10分钟的时间来督导和检查。具体采用什么方法取决于项目内容和进行训练的方法。

5. 审查和评估

审查和评估对于任何学习或发展活动来说都是至关重要的。

上文只是简单地讲解了训练的步骤有哪些，下面的训练与练习将会使你思考每一个步骤中应该考虑的具体要求。

训练与练习　训练的五个步骤的具体要求

问题：

思考在训练的每个步骤之中需要做什么？

总结：

1. 计划和建立：编制训练计划、筹备训练资源、建立培训授权

在每次训练之前，教练都必须做许多准备工作，需要对整个训练活动进行统筹计划与安排。授课之前，教练要考虑的事项和准备的材料有：

○ 发展目标；

○ 需要训练的活动或项目；

○ 训练与团队目标和组织目标符合的程度；

○ 项目的目标和结果（要同发展目标区别开来，发展目标必须征得学员的同意）；

○ 项目完成日期；

○ 个人的时间安排；

○ 学员的时间安排；

○ 授权（需要知道移交的工作职责）；

○ 利用资源和信息的途径；

○ 训练地点；

○ 有益的或者必要的接触，以及接触的方法。

教练还需要为学员安排课程（15~30分钟）。大多数人一次能够集中精力的时间大约

是 20 分钟，所以需要将学习分散成为一系列的短课。

2. 简要介绍：教学双方共同讨论，商定各种预期目标和实现途径

在进行简要介绍之前，教练需要仔细考虑哪些事情需要取得一致的意见、哪些事情需要讨论、哪些事情需要具体去做，可能具体包括以下内容：

○ 商定发展目标；
○ 商定学习行动计划；
○ 商定将要做的事情以及何时做；
○ 商定项目阶段以及督导和检查的时间与方式；
○ 商定先做什么、短期目标和时间安排；
○ 商定下次课程的日期。

在简要介绍阶段，教学双方要做的事情还包括讨论各种方法、选择开始时间以及开始的方式。这需要教学双方进行讨论，教练要多听取学员的意见。这时候，倾听的技巧就非常重要了。这里所讨论的方法并不是唯一的方法，我们也可以利用其他途径。

3. 支持：让学员自主学习

支持意味着让学员自己去发展，如果出现一些意外的情况用不着大惊小怪，更不要束缚学员的思想。

4. 督导和检查：在学员需要时给予他们帮助和指导

不论是正式的还是非正式的督导和检查，都应当包括以下内容：

○ 检查进展，自上次检查后所取得的成绩和遇到的问题；
○ 讨论克服困难，解决问题的方案；
○ 对授课进行总结；
○ 明确行动的意义；
○ 制定更高的行动目标；
○ 确定下次授课的日期。

非正式的督导和检查可以在任何时间、任何地点进行，而且也会采纳学员对训练项目的看法。这个步骤和下一个步骤"审查和评估"往往有较紧密的联系。

5. 审查和评估：最终审查和评估训练项目和学习效果

审查和评估的重点是学员取得的成就。审查和评估一般包括以下内容：

○ 学员的发展目标实现了多少；
○ 学员是否达到了训练项目的目标；
○ 学习效果是否满足了测量标准（学员是否能够做他应该做的事情）；
○ 学员学到和发现了什么；
○ 学习是否条理清晰、内容易懂并且和组织目标相关；

- 哪些目标完成得较好；
- 哪些目标完成得较差，需要进一步提高；
- 如何进一步改进；
- 是否制订更加深入的训练计划；
- 学员将如何在工作中运用学到的知识。

在训练结束两周到一个月的时间里，团队领导可以对知识应用于实践的有效性进行最后的审查和评估。下面的训练与练习将帮助你编制训练与发展计划，进行授课效果评价。

训练与练习　计划编制和效果评价

问题：

思考下面的问题，并完成表22-2、表22-3。在课程完成后，你可以使用授课表来评价训练的效果。

- 训练的目的是什么（如发展技能、学习新知识、树立自信心）？
- 当你实施某个训练项目时，谁支持你（主管经理、同事）？
- 训练在多大程度上与团队目标和组织目标相符合？
- 项目目标（不是发展目标）和结果是什么？
- 在整个过程中，你有足够的时间吗？估算你要用在项目训练上的时间，并记录下来。
- 你将怎样安排学员的时间？
- 你需要获得什么授权？
- 还有什么人需要了解训练内容（如训练项目完成后和学员交流的人）？
- 你对资源和信息的利用进行安排了吗？
- 训练的时间和地点如何安排？

你应该在授课前完成训练与发展计划，这可以作为今后授课和检查的指导。

表22-2　训练与发展计划

	计划提纲
发展目标	
使团队和组织受益（和组织目标与团队目标相联系）	
测量标准	

续表

计划提纲	
项目	
项目成果	
需要的资源、信息或设备	
督导和中间检查阶段	
完成日期	
下次课程的时间、地点	
下次授课前，为学员设计的活动	
下次授课前，为教练设计的活动	

表22-3　授课效果评价

授课检查（教练使用）	
上课人员：	日期：

哪些完成得较好？

哪些可以完成得更好？

为了取得进步我能做什么？我需要关注的学员技能/能力有哪些？

我应该怎样做来改进训练活动？（具体）

我将如何能够让学员更好地把学到的知识应用到实践中去？

总结：

这个练习以具体的训练过程为例，帮助组织者和教练进行实际的计划。这个计划可以使教练更好地完成训练活动。

22.3 培训的六个步骤

我们可以通过下面的步骤与方法了解培训的六个步骤。

步骤与方法 培训的六个步骤

与训练不同，培训属于学习活动，一般涉及六个步骤，如表22-4所示。

表22-4 培训的六个步骤

○ 准备 　编制任务清单并做备份；确定人员、内容、时间、地点
○ 解释 　仔细讲解培训的内容
○ 示范 　以正常的速度演示
○ 再示范或解释 　再演示一次，速度放慢，边演示边解释；同时提出启发式问题并请学员作答
○ 学员操作 　让学员在教练的帮助下进行实际操作
○ 学员总结 　让学员进行示范或解释

在培训的六个步骤的实施过程中，如果不满意，你可以重复第四、五、六步，甚至可以回到起点重新开始。下面重点介绍培训的前两个步骤：准备和解释。

22.3.1 准备

在准备阶段，首先，教练需要编制任务清单，并进行备份。任务清单可以在培训中发挥很重要的作用，例如：
  ○ 确保所有的步骤都按顺序进行；
  ○ 确保每次重复这个活动都使用相同的顺序来完成；
  ○ 记录并备份，以供培训时参考；
  ○ 在别的培训中应用；
  ○ 简化工作程序，提高效率。

其次，在培训的准备阶段，教练还需要思考人员、内容、时间、地点等方面的问题，如表22-5所示。

表22-5 培训前的准备

人员	内容	时间	地点
○ 培训的对象 ○ 协助教练进行培训的人员	○ 要培训什么内容（是否充分了解；有无任务清单） ○ 需要什么设备 ○ 学员已经掌握了哪些知识	○ 什么时间培训（教练和学员分别在什么时间适合进行培训） ○ 什么时间开始和结束（培训需要多长时间？如果时间超过50分钟，把它分为两次课） ○ 什么时候是最佳时间（地点、设备、人员什么时候空闲） ○ 学员什么时候可以使用培训技能（确定培训完毕他们将很快使用） ○ 什么时间检查学习效果	○ 在哪里培训（是否需要预订场地和设备）

下面的训练与练习可以帮助你学习如何编制任务清单。

训练与练习 编制任务清单

问题：
为什么要编制任务清单？如何编制任务清单？

总结：
任务清单能够对培训的整体安排有所帮助。根据任务清单的指导确保培训得到有效的支持，才可能使培训获得更好的效果。其具体编制步骤如下：
○ 在填写表22-6的空白任务清单之前，准备一个草稿；
○ 亲自将活动写下来并检查是否有遗漏的事项；
○ 将活动按顺序编号（记在任务清单的第一列）；
○ 记下需要的设备（记在任务清单的第三列）；
○ 在每个活动的旁边做相关备注，比如，要密切注意的事情等（记在任务单的第四列）；
○ 确保没有根据自己的猜想做任何假设，也没有遗漏任何事情（包括有人对设备不熟悉或不知道某个程序）；
○ 将修订草稿正式填写到任务清单中。

表 22-6 任务清单

任务名称：		预计需要时间：	
步骤	活动内容	所需设备	备注

22.3.2 解释

在培训的过程中，注意以下两点可以帮助学员更好地掌握所学的内容。

1. 将培训内容与工作结合起来

学员如果明确自己正在学什么、为什么要学和将所学用在什么地方，掌握培训内容就会很快。教练向学员介绍培训的目的，并将培训任务放到实际工作环境中，这是培训不可缺少的一部分。教练解释时不仅需要说明正确操作时某机器如何工作，而且需要说明错误操作时会有什么结果。

2. 反复应用

教练在实践中需要留出一定时间让学员反复应用学到的知识和技能，如用一定的时间让学员理解或发挥，通过观察学员的再次操作来检查他们是否掌握了相关知识。事实上团队成员完全可以完成这类培训。因此，教练可以将它委托给想投入时间和想发展技能的团队成员。但是，在培训的过程中，教练需要注意一些问题。

步骤与方法 培训中的注意事项

○ 调动所有的感官参与学习：听觉、视觉、触觉等；
○ 通过重复、检查和练习来增强记忆；
○ 对所授知识进行理解程度的检查，并不断总结；
○ 解释背景和基本原理——把培训和实际工作联系起来；
○ 以标准速度给出清晰的解释；
○ 帮助学员进行操作；
○ 请学员提出问题；
○ 如果需要，从头开始培训；
○ 两周或一个月以后，进行检查和跟踪。

本章小结

　　首先，本章介绍了培训与训练的区别；其次，阐述了训练的五个步骤及其操作方法；最后，对培训的六个步骤进行了说明，并且详细解读了培训的第一步准备与第二步解释的具体内容。

思考与练习

1. 训练与培训有什么不同？
2. 训练的过程可以分为哪五个步骤？

实践与实训

指导：

编制一个团队发展计划，将所有的信息整理好，然后想想你在本单元所完成的练习，特别是团队培训需求表和培训方法选择。利用团队发展计划表，草拟一份今后 6 个月的团队发展计划。

团队发展计划表

团队成员	发展需求	方　案	指导人员	开始日期	已完成

- 重点考虑适合的在职发展方法，以及什么人可以帮助你落实发展计划。
- 在"指导人员"一栏中写下指导者的名字。对不适合在职培训，需要考虑安排离岗培训的员工，你需要与培训部门或人力资源部门进行磋商。
- 如果已经制订培训发展计划的话，你的计划将需要与当前的计划一致。
- 要现实一些，不要想一次到位。对每一个团队成员，在三个发展需求方面（表格第二列）都有提高的空间。
- 根据"已完成"栏中标记的数量，你可以知道计划进行到什么程度了。
- 你的计划将涉及团队中的每一位成员，所以你要同他们讨论，让他们从计划阶段参与进来。在你得出结论以前，你需要让每个团队成员同意发展要求。
- 同你的主管经理谈谈你想做什么，以及你需要的支持。

总结：

根据培训需求分析，你制订的这个团队发展计划，可以把培训中的具体要求落实到每一个团队成员身上。与团队成员共同讨论，使他们搞清楚自己将要发展什么样的技能，这些有助于团队获得良好的培训效果。

单 元 测 试

一、单选题

1. 某公司制定了"明年产品市场占有率提高5%"的目标,与此相关的发展目标可能是(   )。

   A. 到今年8月底,全面提高销售人员的沟通能力

   B. 今年10月,邀请一些养生专家到公司做演讲

   C. 今年年底,举办一次管理人员的培训

   D. 明年年初,开展一场各地销售水平的比赛

2. 董总作为团队的领导,经常参与团队的学习活动,对团队的学习和发展进行合理的管理,他这样做不会引起的结果是(   )。

   A. 促进团队成员的发展

   B. 在领导与成员、成员与成员之间建立良好关系

   C. 增加员工之间的竞争

   D. 提高团队整体实力

3. 徐经理在培训结束后,要对学习效果进行四个层次的评估。在培训活动结束相当长的一段时间后,需要进行评估的内容不包括(   )。

   A. 团队整体效率提高了多大幅度   B. 工作中的错误率减低了多少

   C. 成员的工作效率提高了多少   D. 教师的授课条理是否清晰

4. 在培训结束后,团队领导常常以非正式的方式与个别学员进行交谈。在非正式审查的过程中,领导应该注意(   )。

   A. 主要询问他们学习过程中遇到的大问题,琐碎问题可忽视

   B. 对于学员提出的问题,应直接告诉他们该如何做

   C. 事先将需要提问的问题罗列出来

   D. 保持平易近人的态度

5. 张总的公司上个月组织了几次集中学习,现在需要对学习的效果进行评估,一般不属于评估内容的是(   )。

   A. 学习的内容

B. 学习的地点

C. 学员对学习的反应

D. 学习对员工的工作或行为造成的影响

二、案例分析

> 由于销售额持续下降，人力资源部门针对市场销售人员举行了一次为期三天的员工培训，讲授如何提高员工销售技巧。在培训的过程中，员工觉得很受鼓舞，认为课程内容很吸引人，三天很快过去了，各个部门的员工都回到各自的岗位上，开始新的工作。人力资源部门想通过这次培训，使销售额有所上升。但是，培训过了一个月后，在绩效考核的时候，销售人员的销售额依然呈下降状态。对此，人力资源部门不解，辛辛苦苦花钱请来了培训师，为什么一点作用都不起呢？

根据以上案例，回答以下各题。

1. 上述案例说明，造成这种情况的原因不是（　　）。

    A. 没有明确发展需求

    B. 领导不支持团队发展

    C. 发展周期的第一步出现问题

    D. 发展目标和组织目标没有区分开

2. 培训的五个步骤中，最终的检查是很重要的。案例中人力资源部门检查的是（　　）。

    A. 培训的目的是否实现　　　　B. 员工之间的关系

    C. 员工的积极性　　　　　　　D. 企业的口碑是否提高

3. 为了达到培训目的，人力资源部门应该在培训中和培训后采取（　　）措施才能达到目的。

    A. 检查员工是否将所学的知识用到实际工作中去

    B. 检查员工是否有迟到早退的现象

    C. 检查员工是否有总结和思考的能力

    D. 检查员工是否有反馈

4. 如果你是该企业人力资源部门的经理，想要实现销售额上升，应该做到（　　）。

    A. 培训的目的是针对提高员工个人的发展

    B. 绩效考核要与培训挂钩

    C. 定期收集员工对此次培训的反馈，并不断地鼓励他们

    D. 以上措施都可以

5. 此次学习运用的发展方法主要是（　　）。
   A. 脱产培训　　　B. 在职培训　　　C. 岗位轮换　　　D. 工作观摩

　　　　　　　扫描二维码，查看参考答案

第Ⅷ单元　实现目标

　　团队成员共同工作的目的是实现目标，这是团队一切工作的中心，许多有经验的团队领导都认识到了这一点。但是，团队成员的工作常常是具有偶然性的。很难有一套解决问题的模式帮助团队处理偶然性事件。团队成员也几乎不会专门应对一些突发的事件（如一场突如其来的流感），或是为团队未来的需求做准备。

　　这个单元讲述了个人目标和团队目标的实现过程，以及如何在现在或将来制定你的目标。团队需要系统的、有规律的步骤，逐步地实现目标。该步骤建立在一个典型的计划过程之上。这个过程也就是所谓的反馈环，它有以下几个步骤：

- 确定目标与制订计划；
- 监督、控制和支持；
- 评估工作绩效。

　　本单元会为你提供每个步骤的实际技巧和方法，帮助你达到自己的目标。很重要的一点是，这个过程将与你的团队和团队成员紧密地联系在一起，所以请记住：与你的团队和团队成员时刻联系，这是实现目标的关键。

```
                                                     ┌─ 目标管理计划的典型步骤
                                      ┌─ 确定目标 ──┼─ 组织目标、团队目标和个人目标
                                      │              └─ SMART目标的五个特征
         ┌─ 23.确定目标与制订计划 ──┤
         │                            │              ┌─ ★工作分解结构法（WBS）的概念及步骤
         │                            └─ 制订计划 ──┤
         │                                           └─ 获取资源的方式
         │
         │                            ┌─ 反馈环
         │                            │
         │                            ├─ 监督 ── 监督的标准
实现目标 ┼─ 24.监督、控制与支持 ──┤
         │                            ├─ 控制 ── 控制过程的步骤
         │                            │
         │                            └─ 支持
         │
         │                            ┌─ 评估标准 ── 绩效评估标准
         │                            │
         └─ 25.评估工作绩效 ────────┼─ 反馈信息 ── 反馈的方法
                                      │
                                      └─ 工作评估 ── ★正式评估和非正式评估
```

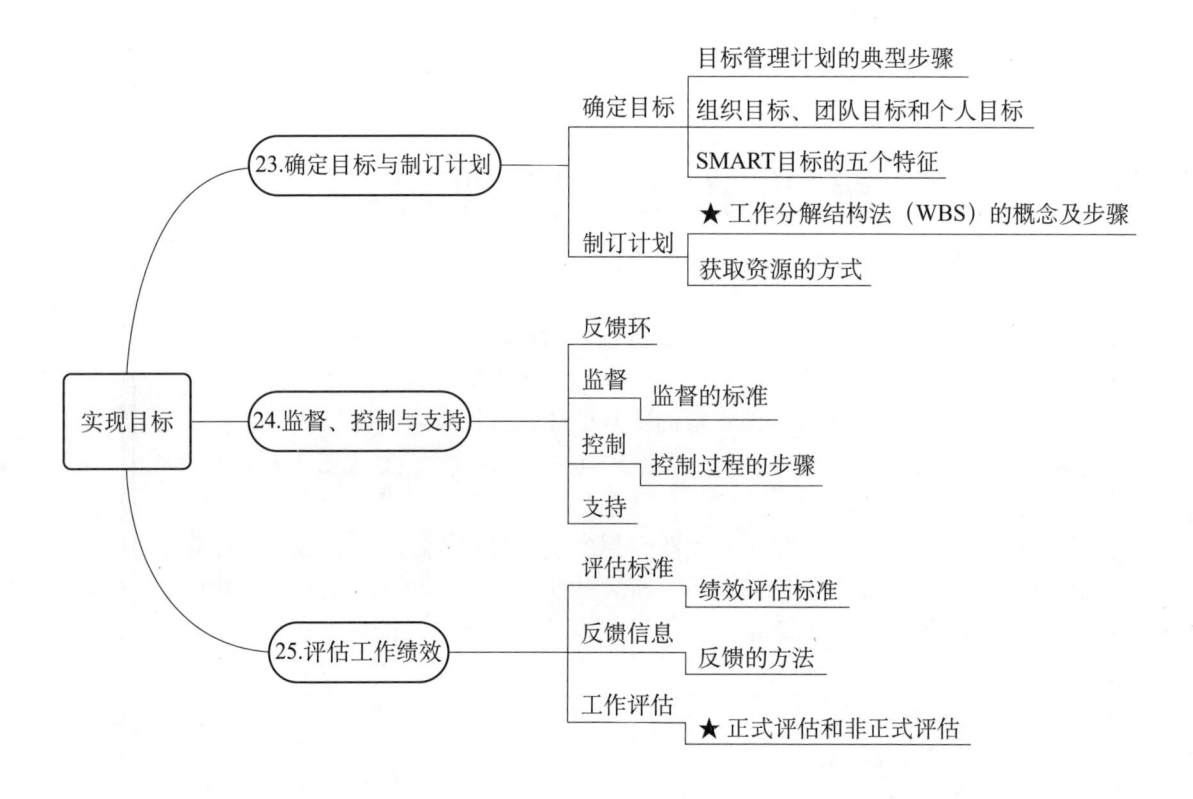

★代表本部分是案例重点考核内容。

扫描二维码，学习本单元概况

第 23 章　确定目标与制订计划

> **学习目标**
> 1. 了解组织目标、团队目标和个人目标的概念；
> 2. 掌握目标管理计划的步骤；
> 3. 掌握 SMART 目标的五个特征；
> 4. 重点掌握工作分解结构的概念及步骤；
> 5. 重点掌握获取资源的方法。
>
> **学习指南**
> 　　一般来说，所有的组织都是为了实现一定的目标而存在的，例如，实现向消费者提供产品或服务的目标。为了实现目标，这些组织需要开展一些特定的业务，如客户服务、产品研发等。在本单元，我们将以客户服务为中心，对与目标、计划、任务等有关的问题进行讨论。明确了目标，就需要采取一定的方法去实现它。实现目标的过程包含制订详细的计划和保证计划实施等各方面内容。
>
> **关键术语**
> 　　目标管理　　SMART 标准　　制订计划　　工作分解结构法　　工作分解结构法的步骤　　计划进度表　　获取资源

23.1　确定目标

23.1.1　目标管理

在分解组织目标时，我们一般采用从组织的最高层分解至最底层的方式。下面以图 23-1 为例说明组织目标的分解过程。其中，有许多"其他部门的目标"是与"客户服务中心目标"并列的。

这种常用的方法被称作目标管理（management by objectives，MBO）方法。上下级共同决定具体的绩效目标，而且将目标逐级分解到组织的各个层次上。目标管理包括以下四个共同的要素。

```
                        组织目标
                           │
        ┌──────────────────┼──────────────────┐
   客户服务中心目标      其他部门的目标      其他部门的目标
        │                  │                  │
      团队目标           团队目标           团队目标
        │                  │                  │
    团队成员的目标      团队成员的目标      团队成员的目标
```

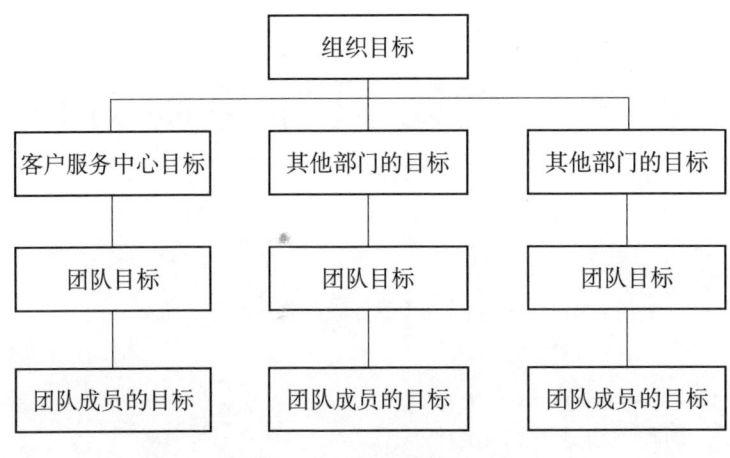

图 23-1　组织目标的分解

1. 明确目标

目标应当简明扼要，而且必须转换成定量的目标，从而可进行度量和评价。

2. 参与决策

目标不是完全由上级设定和分派给下级的，而是采用参与的方式决定的。上级与下级共同参与目标的制定和实现途径的确定等事项。

3. 规定期限

每一个目标的完成都有明确的时间期限。

4. 反馈绩效

团队领导不断地将目标的进展情况反馈给团队成员，以便他们能够调整自己的行动。

步骤与方法　目标管理计划的步骤

○ 制定组织的整体目标和战略；
○ 在部门和团队之间分解主要的目标；
○ 各个层次的管理者和他们的上级一起设定团队的具体目标；
○ 团队的所有成员参与设定自己的具体目标；
○ 管理者与下级共同商定实现目标的行动计划；
○ 实施行动计划；
○ 定期检查实现目标的进展情况，并提供反馈；
○ 实施绩效奖励，从而推动目标的实现。

23.1.2 各级目标制定

1. 组织目标

组织目标一般处于组织的最高层，往往在远景规划或战略陈述中做出说明。我们可以看到，不同的行业或组织会按照自身的情况设定远景规划和长期目标。例如：

- 一家本地医疗机构：及时有效地向本地居民提供医疗和护理服务，同时取得效益；
- 一位服装经销商：向国内市场提供各式高级服装；
- 一家石油公司：勘探、生产、开发高品质石油及天然气；
- 一家保险公司所属的客户服务中心：开发客户自身潜力，使客户更加满意。

一家保险公司拥有众多功能，上面最后一个例子中仅是一家保险公司的一项功能的目标。然而，这个目标能够使其他的目标得到强化，因为，一般而言，组织都是为客户进行服务而存在的。

2. 团队目标

前面讨论的例子中，客户服务中心的目标应该与团队目标相结合。一个金融客户服务团队，他们的目标可能是提供积极、高效的客户服务业务以满足客户的金融需求。

3. 个人目标

团队成员（即个人）的目标应遵循并服从团队的目标。我们没有必要将所有的目标分解得特别细致，尤其是个人目标。因为，个人目标与团队目标从本质上讲是一致的。

有一种方法可以确保团队成员完成应该做的工作。

接下来，关于目标匹配的训练与练习可以帮助你对组织目标、团队目标和个人目标进行对照学习，最终，使个人与组织目标、团队目标的目标相匹配。

训练与练习　目标匹配

问题：

你可以从以下这几个方面来思考目标的匹配。

1. 组织目标匹配

你的组织是如何阐述其目标的？你的客户服务中心的目标是什么？以上二者是怎么结合在一起的？

2. 团队目标匹配

比较一下你的团队目标与客户服务中心的目标。它们能够彼此融合吗？

3. 个人目标匹配

你是否有个人目标？如果有，这些目标与你的团队目标能否彼此很好地匹配？

总结：

1. 组织目标匹配

所有的目标都应该能很好地结合在一起。如果组织向着一个目标努力，而组织里的一个分支却向着另外一个目标努力，组织的利益就会受到损害，组织的目标也不能够顺利实现。组织内的所有目标都应是一致的。

2. 团队目标匹配

如果需要，团队可以为自己设计一个目标。设计这个目标的意图是将组织的目标及与之相关的其他目标全部反映出来。

3. 个人目标匹配

这几个练习的中心思想是目标必须互相匹配：组织目标决定了部门目标，部门目标决定了团队目标，团队目标决定了团队成员（个人）的目标。

有一种方法可以确保团队成员完成应该做的工作，这种方法即第 3 章介绍过的 SMART 目标（内容详见 3.2 "设置 SMART 目标"介绍）。回顾一下 SMART 目标的五个特征：

- 明确的（specific）——必须实现具体内容；
- 可衡量的（measurable）——有可衡量的标准和依据；
- 可达到的（attainable）——必须征得实际操作者的同意；
- 可实现的（realistic）——不超出现实约束条件，如要达成目标的条件；
- 有时间规定的（time specific）——有明确限期。

训练与练习　目标的 SMART 标准

问题：

假设，某团队成员的目标是"在 6 周时间里使错误率降低 10%"。这一目标满足 SMART 标准吗？

总结：

上面某团队成员的目标应该是明确的，可衡量的，同时也有时间规定。但是，我们没有办法判断这个目标是否可达到并且可实现。目标只有具有以上五个特征，才符合 SMART 标准。

下面案例与讨论中的各项目标基本上符合了以上 5 个特征，你可以参考这些例子来改进团队目标与个人目标。

案例与讨论　团队目标与个人目标

> 以下是某电信公司的团队目标：
> ○ 通过开展6个月以内的培训，团队成员能够利用新的信息系统来获取有关产品、服务和客户需求等资料，向团队提供支持；
> ○ 通过进行为期不超过12个月的培训，团队能够处理客户以书面形式或通过网络、电子邮件、电话等形式提出的一些棘手问题和投诉，最终，使电话回复的数量降低20%，使客户提及的问题数量降低30%；
> ○ 在接下来的6个月内，切换通话时间准确率提高50%，以保证对呼叫者的反应时间达到要求，在98%的情况下能够在5秒内对呼叫做出应答。
>
> 以下是该电信公司对应的团队成员目标：
> ○ 团队成员在12个月内学会使用新的客户需求与需求趋势信息系统，进而使产品及服务的销售量在年底前增加5%；
> ○ 团队成员使客户质询与投诉的数量下降30%，并处理好一些客户以书面形式或通过网络、电子邮件、电话等形式提出的比较棘手的质询和投诉，争取在18个月内使电话回复量降低20%；
> ○ 在接下来的6个月中，切换电话开始和结束时间的准确率达98%。
>
> **问题：**
> 参照上面的例子，检查你所在团队的团队目标和对应的个人目标，它们是否符合SMART目标的要求？如果不符合，请进行相应的改进。
>
> **总结：**
> SMART目标和普通目标有着本质的区别。目标必须具备上文所述的5个特征，否则实行和检验起来就会出现问题。

23.2　制订计划

制定了组织、团队及团队成员（个人）的目标之后，我们就明确了需要达到的标准。但是，这仅是实现目标的第一步，我们还需要做一系列具体的计划工作，包括明确任务内容、参加人员、如何实施及时间，如图23-2所示。

制订具体计划包含以下步骤：
○ 确定任务：确定组织、团队和团队成员需要完成的各项任务；

```
    确定任务                           分配任务
           \                         /
            \                       /
             ┌─────────────────┐
             │    内容          │
             │  参加人员        │
             │ 如何实施及时间   │
             └─────────────────┘
            /                       \
           /                         \
  制定计划进度表                    获取资源
```

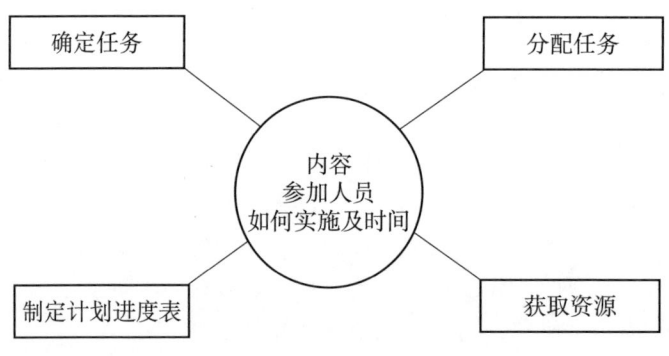

图 23-2 具体计划

- 分配任务：确定参加任务的各个团队成员；
- 获取资源：实现目标所需的资源——人力、物力、财力等；
- 制定计划进度表：保证按时完成任务。

虽然，团队领导并不需要亲自负责计划的每一部分，但是，一些关键的环节需要团队领导的支持。例如，团队领导需要提供有关本团队自身能力的信息，因为，一般来说，计划的质量取决于制订时所使用的信息。此外，团队领导需要计划一些活动，这些活动对实现目标非常重要，例如，绩效检查、员工培训或是在团队中开展新的工作等。下面的训练与练习可以帮助你了解一个团队计划应该由谁负责。

训练与练习 计划的制订者

问题：

团队领导在为团队制订可操作性的计划的过程中扮演什么角色？为了实现目标，他们需要制订什么样的计划？

总结：

在计划制订的过程中，团队领导的作用至关重要，团队领导不一定要对各个环节亲力亲为，但是需要对它们有整体上的把握。

一般而言，所有的计划都受到外在条件的限制和影响。这些限制和影响可能来自以下几方面：

- 资源。例如，时间、所能获得的材料、信息、人力和资金等。
- 领导的理念和态度。这关系到他们对组织计划所产生的作用，也直接影响计划的制订和实施。
- 组织文化。这关系到团队成员共同的价值观念、思维方式、工作作风、行为准则

第 23 章　确定目标与制订计划

等，直接影响他们的工作思维和工作态度，从而影响计划的制订和实施。
- 组织结构。不同的组织结构在组织层级、信息传递、员工关系等各方面存在明显差异，因此，它们对计划工作的限制也不尽相同。

很明显，计划工作是在多种限制条件下开展的，因此，团队要确保计划工作考虑的是能实现的目标。计划不是一成不变的，需要根据各种不确定的因素进行修改。团队在制订计划的过程中需要留些余地——在预想的所需资金和资源的基础上，多准备一些，以防发生不测；最后，预备一份紧急情况应变计划。

23.2.1　确定任务

计划中有许多任务需要完成，它们是整体工作目标的一部分。例如，客户服务中心既要处理统计调查、电话营销等事务，又要提升不同客户的满意度。尽管，这些任务从本质上说性质是一样的，但是，客户不同，任务也会不同，因此，我们需要更具体地确定各项任务。

1. 分解任务

团队和团队成员在分解任务时采用的技巧与决定目标时运用的方法类似，即从一件事情开始，将任务分解为多个小块。在这一过程中，团队成员需要思考：为了完成这项工作，应该先做什么？比如说，客户服务中心的主要任务是"接听电话，回复电子邮件和对其他类型的客户进行查询"。为了高效地完成这些任务，客户服务中心还需要：
- 提供与有关产品和服务相关的信息；
- 处理客户关系数据库系统；
- 与生产、市场、销售、分销部门保持联系；
- 进行报价和提供信用条款；
- 跟踪并处理客户的投诉。

再往下细分，团队成员为了完成上述任务，还有各自具体的任务需要完成。如果其中每项工作都要做，就可以将它们进行分解，分散到其他相关的团队或个人工作中。

训练与练习　分解任务

问题：
假如一个客户服务中心的关键工作是"提供与有关产品与服务相关的信息"，为了高效地完成这项工作，你需要如何对它的任务进行分解？

总结：
你的答案可能是：
- 掌握现有的产品与服务的相关信息；

- 进入产品与服务信息数据库；
- 必要时更新自己的产品与服务信息内容；
- 参加每周的团队产品与服务工作简要汇报会。

2. 工作分解结构法

工作分解结构法（work breakdown structure，WBS）是一种用图表的方式分解工作任务的方法。人们在执行项目类任务时通常都会采用这种方法。同时它也适用于其他各种任务的分解。工作分解结构法将各项任务按相关关系逐层进行分解，直到这些任务被分解为工作内容单一、便于组织管理的单项任务，再把各个单项任务在整个项目中的地位、相对关系用树形结构图或锯齿列表图的形式直观地表示出来，如图23-3所示。

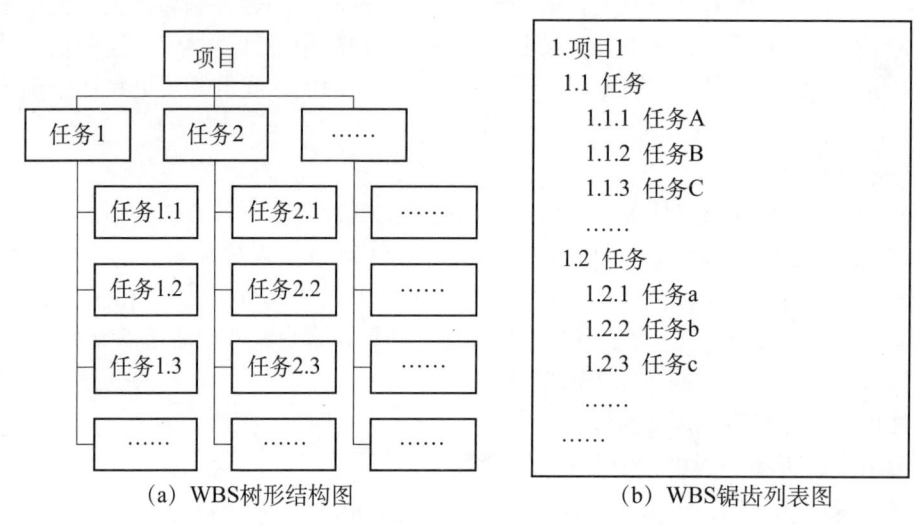

(a) WBS树形结构图　　(b) WBS锯齿列表图

图 23-3　WBS 图示

步骤与方法　工作分解结构法的步骤

在运用工作分解结构法时，我们一般采取以下步骤。

- 明确并识别项目的主要工作任务，如特定的产品、服务和结果。在进行这一步时需要解决的问题是：要实现目标需要完成哪些主要工作？
- 确定每个工作任务已经非常详细，并可用于成本估算和时间估算。
- 确定每个工作任务的组成部分。这些组成部分应当可以用切实的、可验证的结果来描述，以便于进行绩效测量。这一步要解决的问题是：要完成每个工作任务的各组成部分，有哪些更具体的工作要做？
- 核实分解的正确性。核实分解的正确性需要回答下列问题：

（1）分解的最低一层对工作分解来说是否是必需的？如果不是，则必须修改。
（2）被分解的每一项任务的定义是否清晰完整？如果不完整，则必须修改或扩展。
（3）每一项任务是否都能够恰当地编制进度和预算？是否能够分配到特定的部门、团队和个人？如果不能，则必须修改。

23.2.2 分配任务

在团队中，如果每个成员做同样的工作，即可以担任同一个角色，那么在按角色分配任务时就不会出现什么问题。但是，实际情况是团队成员会拥有不同的技能，例如，有些团队成员擅长的是管理数据库系统，而其他团队成员可能在销售更复杂的产品或处理更棘手的问题方面具有更高的水平。有时候团队中的不同部门需要与不同的客户打交道，这些差别使团队成员的任务和角色有所不同。

只给可以胜任某领域工作的某些成员分配任务，这一操作看起来简洁明了。但是，如果经常只给某些特定的成员分配任务的话，团队领导就没有机会去培养发展团队里的其他成员了。所以，团队领导还应该记住：给其他团队成员一些锻炼的机会非常重要。

1. 分配任务的标准

在按角色分配任务时可以应用各种标准，例如：
○ 技术和能力：特定的任务需要特定的技术和能力以保证工作顺利完成。
○ 团队和个人的发展：在一些可能的案例中，利用特殊的任务来帮助团队成员发展其个人技能，或者来帮助团队整体变得更加灵活。
○ 支持与培训：团队领导有机会应该向团队成员提供与任务相关的支持和培训，以使他们完成这项工作并成为与该团队成员自身发展密切相关的一部分。培养和发展团队是团队领导的关键任务之一。

为了让团队成员得到必要的发展机会，团队领导在分配任务时需要花一些时间为他们提供支持。

2. 授权

团队领导需要思考这样的问题：为了完成工作，需要下放多少权力以便开展工作？授权的方法可以将团队领导从常规任务中解脱出来，去执行更重要的任务，同时还可以帮助团队获得发展。例如，在客户服务中心，团队领导常常是从工作一线选拔出来的。他们可能是最好的呼叫业务员，但是，作为团队领导，由于角色的转变，他们需要向有经验的团队成员进行授权，他们自己的主要任务则是去管理和提高团队的绩效。

信任对于授权来说非常重要。进行授权之前，团队领导需要考虑，自己是否相信团队成员能够完成这个工作；如果认为团队成员不具备完成工作的技能，自己是否相信团队成员能够通过培训和学习掌握相关的技能。另外，团队领导的一部分责任是发展团队，授权正是尽到这份责任的好方法。

授权在操作过程中确实可能费时又费力，团队领导在进行有效授权时需要注意遵守一些准则。

步骤与方法　有效授权的准则

- 明确授权的目的是发展而不是转嫁责任；
- 和下属一起设定具体目标，包括预期的结果、完成任务的时间等；
- 给予自主权，确保下属获得了完成任务所需的权力和资源，并在需要时提供帮助；
- 寻求反馈，团队领导需要了解任务完成的程度，应该经常向下属征求意见和建议；
- 挑选合适的人进行授权。

关于授权更具体的内容，我们将在第 32 章"领导授权"中进行介绍。

23.2.3　获取资源

开展计划所需要的资源包括人力、设施、信息、时间和资金等。如果缺少所需的资源，计划将无法开展。资源是多种多样的，获取资源的方法也不同。

1. 人力

以客户服务中心为例，客户服务中心需要的是具有高水平的人际沟通、解决问题和信息技术等各方面能力的员工。员工必须能在快节奏的环境中工作，并保持沉着冷静。要找到具有全面技术水平、良好个性、精力充沛又有忍耐力的员工绝非易事。同样，要留住好的员工也是个问题。

如果团队使用了以不同方式工作的雇员，如兼职人员、合同工、临时雇员和全职员工等，招聘雇员就需要变得相当灵活。招聘的形式越来越多样化，互联网可以说是发掘和获得所需人才的一个重要途径。

2. 设施

设施是指在完成计划所需的各种物质资源，主要包括通信和信息技术设备、培训材料、办公用品，以及员工使用的物品、设备等。团队领导可能会花一些时间去考虑如何获取物质资源，例如，团队领导与上级领导讨论获取物质资源的方法，或使用周转的物质资源。

3. 信息

信息对于组织来说非常重要。信息种类和组织所有的通信系统将会影响个人对信息的使用和记录。大家很容易就会发现系统需要不断地进行升级和更新以提高其灵活性。

例如，许多客户服务中心目前正在丰富其与客户进行信息交流的方式，比如采用多媒体和网络技术、语音识别、文本至语音的转换处理技术、呼叫控制和报告、电子邮件自动回复、传真自动回复和呼叫自动回复技术等。

4. 时间

这里所说的"时间"是指用来完成任务的必要时间段，例如，用来完成整个项目的时间段或处理一个客户呼叫所用的时间段，此时间段也包括业务员线上应答呼叫所用的时间。

5. 资金

满足资源需求就必须花费资金。在进行年度预算时，团队必须将所需的不同资源全部考虑在内。团队在计算资源的成本时做得越好，进行预算时就越是感到游刃有余，预算的水平也将会随之提高。

下面这个训练与练习将会帮助你从不同的角度去思考各种资源的获取方法。

训练与练习　获取资源的多种方法

问题：

(1) 你的组织如何招聘团队成员？你可以用更好的方式来完成这项工作吗？

(2) 请列出七种在你的团队中最常用的物质资源。然后列出另外三种你认为将会用到的并可以使任务简化或办公环境改善的设施。

(3) 请列出三种你团队所使用的信息渠道，并说明它们是怎么保障团队信息资源的。

(4) 画出一条资金流动链，说明需要哪些细节才能保障团队资金的正常周转。

总结：

获得资源的方法很多，选择恰当的方法获取资源，可以在保障团队运转方面既省时又省力。

23.2.4　制定计划进度表

进度安排是一个计划活动，主要是为了确保任务、人员及资源在需要时均已到位。

1. 制定任务进度表

就任务进度而言，任务进度表是与完成计划、项目和任务所花的时间紧密相连的。特别是进行项目类和发展性任务时，我们更需要准备好一个进度表来完成一系列有顺序的任务。

案例与讨论　团队项目任务进度表

赵经理受命为客户服务中心编制健康与安全记录手册，这个项目很棘手：流程烦琐，项目琐碎，人员工作调动频繁。面对如此复杂的任务，赵经理很头疼。

问题：

为了确保团队的工作有序进行，赵经理应该怎么办？

总结：

赵经理可以尝试制定团队项目任务进度表，表23-1是一个团队项目任务进度表的范例。赵经理可以把任务相关人员和任务所需天数安排在进度表中一起体现出来。

表23-1　团队项目任务进度表

阶段	关键任务	日期（限工作日）	负责人	天数
第一阶段：分析与确定	1. 与赞助商、健康安全团队举行会议讨论该项目	9月6—7日	小李、小马、小张	2
	2. 分析项目资源并估算成本	9月10—20日	小李	9
	3. 针对雇员设计调查问卷，获取他们的意见	9月23日	小马	1
	4. 整理信息，建立项目规范	10月21—29日	小张	7
	5. 争取获得赞助商和顾客的认同	10月31日	小李、小马、小张	1
第二阶段：资源计划	6. 起草任务、人员和资源计划	11月4—22日	小李	15
	7. 举行会议，向团队进行通报说明	11月25—26日	小李、小马、小张、小蔡	2
	8. 为文件的修改准备人选	11月27—29日	小马、小张	3
第三阶段：任命辅导团队	9. 评估提交的工作监督人员	12月20—23日	小李、小马、小张、小蔡	4
	10. 任命辅导团队	1月6日	小李、小马	1
	11. 与辅导团队举行最初的会议并向其进行通报	1月13日	小李、小马	1

2. 制定人员安排表

制定人员安排表是很复杂的。例如，在客户服务中心，安排人员是个复杂的过程。呼叫业务员的数量与同一时段的呼叫数量相匹配，客户服务中心的服务才能够达到较高的水平。如果一些呼叫业务员因为呼叫的数量少而没有呼叫可接听，那么这项业务在成本上是存在问题的；相反，如果客户呼叫等待的时间过长，就会影响服务的质量。

当然，接入的呼叫数量并不是一成不变的，需求总会有高峰和低谷。例如，工作日上午9点到10点可能是一个非常忙碌的时间段。为了将需求的波动考虑进去，制定一份每月、每周或每天的人员安排表也是十分必要的。信息系统可以根据历史数据（如上个月的呼叫趋势图）来预测未来的需求，但同时也需要考虑到各种新的影响因素。制定人员安排表非常重要，它关系到业务经营的质量。

在对可预测的波动做了计划以后，你还需要时刻准备去应付意外的事件所引发的需求波动。例如，有新业务开通时，客户服务中心的呼叫数量可能激增。那么如何面对突然增加的呼叫数量，如何安排好人员和时间呢？下面的案例与讨论将给你一些帮助。

案例与讨论 客户服务中心的时间和人员安排

> 客户服务中心的时间安排是由信息技术系统和计划小组管理的。系统会监视各个时间段的呼叫数量，并根据时间来安排呼叫者与呼叫业务员的比例。例如，繁忙的时候是工作日的上午9点到10点，每位团队成员在这个时间段都会被安排到呼叫服务岗位。呼叫之后的离线工作，如制订一些计划或写确认信，需要等到呼叫数量较少的时间段进行。团队需要开展布置任务或召开会议等离线工作时，必须向计划小组提出请求，然后离线工作将被安排在没有工作的时间段进行。当然，如果呼叫数量有意想不到的增加，团队就必须将离线工作放在一边。此外，计划小组应当了解有谁缺席，因为成员缺席会对团队的服务水平造成重大影响。
>
> **问题：**
> 当客户需求突然增加时，客户服务中心可以采取什么措施来应对？
>
> **总结：**
> 一些客户服务中心制订了应急计划和恢复计划，以应付呼叫数量激增的情况。这样做的目的是维护团队的服务水平、满足客户期望。有的客户服务中心会采取事后制订计划的方法，这意味着其常常达不到服务水平，会让客户失望。

3. 制定资源安排表

为了确保所需资源在适当的时间和地点出现，制定资源安排表应注意"等待时间"（从订购资源到收到资源所需的时间）。这适用于内部和外部供应，例如，团队安排了一个培训项目，结果却发现所订购的设备和材料没有按时到，影响了培训工作的顺利进行。为此，团队应当为今后的计划制定一份表格，表格中必须包含完成工作所需资源的等待时间。

在最终确定任务、人员和资源计划之前，团队领导还应得到团队及团队成员对上述事项的同意。原因有很多，如果活动安排在周末，而参加活动的团队成员已经有了安排，这就要求团队领导了解团队成员能否在周末加班；或者，分配工作应当就任务所需的职责分工达成一致，确保团队领导和团队成员没有理解上的矛盾。

团队领导需要与团队成员达成一致。团队领导与团队成员就计划达成一致时，应注意以下几个方面：

○ 为什么必须完成不同的工作；
○ 支持团队任务及团队成员的目标；
○ 职责和义务；
○ 绩效标准和用以衡量的指标；
○ 与绩效标准相联系的奖励。

其他与任务有关的内容，如预算、可获得的资源、支持、培训、限制等都在讨论之列，但最重要的是目标、任务和职责。团队中的每一个成员都要明确计划与绩效有关，并且计划是整个过程的一部分。团队领导必须监督和检查绩效。

团队领导需要与其他相关人员达成一致。团队领导需要就计划与其他相关人员达成一致，尤其是主管领导；涉及项目时，团队领导应就计划与客户达成一致。只有以这种方式确认了计划，其他相关人员才会满怀信心地去执行这个计划。

你可以通过下面的训练与练习思考如何改进计划以与相关人员达成一致。

训练与练习　改进计划

问题：

1. 考虑你的团队目前正在制订或正在进行的计划，与你的团队一起确定工作目标及进度。

2. 根据本章的内容思考如何改进计划，完成表23-2。

表23-2　计划的改进

改进部分	将来需要做什么
确定任务	
分配任务	
获取资源	
制定计划进度表	

总结：

你需要运用本章所学习的知识完成以上练习，就工作计划与安排中的一些环节提出改进意见。

第 23 章　确定目标与制订计划

本章小结

　　本章分为两个模块，分别是确定目标和制订计划。借助 SMART 目标分析法科学地进行目标管理和各级目标的制定有助于目标的确定；而制订计划则分为确定任务、分配任务、获取资源、制定计划进度表几部分，你需要重点掌握工作分解结构法（WBS）来帮助你顺利完成计划的制订。

思考与练习

1. 组织、团队、个人目标分别是什么？
2. 目标管理计划的步骤分为哪几步？
3. 什么是 SMART 目标？它具有哪些特征？
4. 什么是工作分解结构法（WBS）？它有哪些步骤？
5. 通常说的资源包括哪些方面？如何获取这些资源？

第 24 章 监督、控制与支持

学习目标

1. 了解反馈环的基本概念；
2. 了解监督的两种指标；
3. 掌握控制过程的步骤及如何修正措施；
4. 掌握向团队成员提供支持的方法；
5. 重点掌握监督的方法。

学习指南

一旦开始执行计划，相关工作就应该得到全面认真的监督。在监督的过程中，如果发现执行的情况与目标有所偏离，团队领导就需要采取一些措施进行控制，并提供适当的支持，这样才能更好地完成计划。本章我们将学习计划实施过程中的监督标准和方法，并讨论如何进行控制和提供支持。

关键术语

反馈环　监督　控制　支持

24.1 反馈环

实现工作绩效要以传统的计划过程为基础，图 24-1 中的"反馈环"就是这个过程的一部分，它可以通过不同阶段的反馈信息对计划进行控制。根据这些信息，目前的计划可以得到确认或者改正，而未来的计划也可以根据目前发生的情况进行调整。这里的"反馈"指数据和人们提供的其他信息。

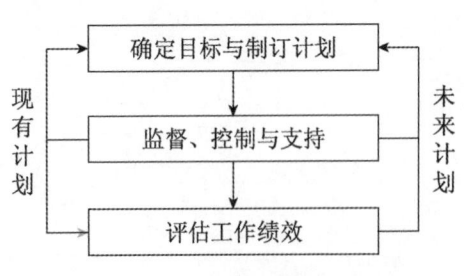

图 24-1　计划过程中的反馈环

本章我们将重点讨论"监督、控制与支持"这一阶段的反馈，这一阶段可以提供反馈，并可以帮助团队调整未来计划的目标、工作执行的方式或所需的结果。

24.2 监督

24.2.1 监督标准

监督可以提供计划过程所需的反馈，但是需要考虑的是：要监督的具体是什么。大家可以通过下面的训练与练习了解监督的关键所在。

训练与练习　监督的关键

问题：
思考一个你正在监督的工作，你具体要通过哪些标准进行监督？

总结：
你最关注的大概是在计划开始阶段所制定的各种绩效标准。当然还有其他标准，例如：
○ 计划是否在按进度表执行；
○ 计划是否在预算之内进行；
○ 质量标准；
○ 客户和利益相关方的满意度。

很明显，我们所监督的事情应与正在进行的工作和力图达到的标准有关。例如，许多组织（尤其是与客户接触十分密切的组织）对休息时间、工作的开始时间和结束时间进行了认真的协调，以保证有足够的团队成员能为客户服务。

有两种类型的指标可以用来测量正在监督的内容：软指标和硬指标。软指标（又叫定性指标）就是人们所说的意见和各种感觉、观点、看法等；硬指标（又叫定量指标）就是事实和统计数据。例如，销售部门可以利用市场占有率、合同的成交率、销售额等对自身的工作进行监督。下面我们可以通过训练与练习来区分这两类指标。

训练与练习　监督指标

问题：
列出在客户服务中心使用的三个定量绩效指标和三个定性绩效指标。

总结：
定量绩效指标有：平均每个客户的等待时间；呼叫长度；员工的接听时间；一定时间内质询没有得到解决的比例；实际预算与投入的比例；等等。

定性绩效指标可以通过客户问卷、员工调查、呼叫取样、客户意见调查等来获得。

在监督的过程中,管理人员可以对定性的数据进行分析,然后将其转化为定量的数据。例如,问卷可以对某项服务提出"您是否非常满意/满意/没有特别感觉/不满意/非常不满意"的简单选择性问题,然后进行统计,使数据定量化。

24.2.2 监督方法

组织可以使用很多方法进行监督,如基于系统监督的反馈、基于利益相关者的反馈、巡视管理、会议、报告和自我监督。其中,最主要的两种方法是基于系统监督的反馈和基于利益相关者的反馈,它们都是以系统为基础。不论使用什么方法,保存记录总是监督的一个重要方面。随着时间的不断变化,我们需要对绩效进行持续的监督,而保存记录就是其中不可缺少的部分。

1. 基于系统监督的反馈

采用基于系统监督来表示并被计算机系统自动储存的这类信息称为记录,它可以被系统自动收集和分析。

就客户服务中心而言,基于系统监督的反馈可以包括:客户等待的时间,通过网站进入客户服务中心的人数、成本和预算、销售数据、呼叫数量等。

2. 基于利益相关者的反馈

关于利益相关者,我们在 14.4 "组织的利益相关者"中有所介绍。利益相关者是指能够影响组织目标的实现或者能够被这个实现过程影响的团队或个人,如团队成员、直接管理者和客户等。利益相关者可以通过各种渠道提供计划进展情况的反馈,这些渠道包括会议、聊天/即时通信平台、电子邮件/网络、电话、报告和问卷调查等。

下面的训练与练习有助于你进一步了解如何获得利益相关者的反馈,从而对工作进行监督。

训练与练习　利益相关者及反馈方法

指导:

根据利益相关者的反馈完成表 24-1,在使用的反馈方法下面打钩。

表 24-1　利益相关者及反馈方法

利益相关者	反馈方法						
	会议	聊天/即时通信平台	电子邮件/网络	电话	报告	问卷调查	其他
高级管理人员							
团队领导							
供应商或分销商							

第24章 监督、控制与支持

续表

利益相关者	反馈方法					
	会议	聊天/即时通信平台	电子邮件/网络	电话	报告	问卷调查	其他
消费者（顾客）							
其他							

问题：

你能否想起更多的利益相关者或使用更多的反馈方法？如果有，想想应该如何进行反馈。

总结：

如果有更多利益相关者，或者能够使用更多的方法来得到反馈，你可以在监督的过程中有选择性地、综合地使用它们。不论使用哪种方法，都是为了更好地得到反馈，以便有效保证目标的实现。

3. 巡视管理

了解团队工作的有效方法之一就是巡视管理。巡视管理并不是指团队领导要在工作场所不停地来回走动，而是指团队领导花时间与团队成员交流，以了解工作进程和存在的问题。例如，了解团队成员对目标、绩效标准、进程安排等是否清楚，有没有技术问题等。双向的公开信息的流动可以确保监督工作的有效进行。

通过观察团队成员的工作，团队领导可以评估他们是否遵守已规定好的程序，以便判断是否需要改动程序；或者检查他们是否有效地完成了委托的工作。这种方法有助于加强交流，可以在团队中营造良好的氛围。

4. 会议

会议是从利益相关者那里得到反馈的一个好方法。会议不仅包括团队会议，还包括与团队成员的个人接触，或来自管理者、客户等的反馈。但是如果没有计划，会议只会浪费时间。因此，团队领导需要做出会议安排和规划，并坚持按照计划行动。有关会议沟通的内容，我们在第11章"会议沟通"中也有所介绍。

5. 报告

不论是为管理者提供定期的情况报告，或者是获得他们的报告，都是得到反馈的好方法。与其他方式相比，报告显得要更正式一些，而且与口头汇报相比，更加精确和全面。相对其他人而言，客户的反馈通常能够直接反映服务是否令人满意。有关报告的内容，我们在第12章"工作报告"中也有所介绍。

6. 自我监督

团队领导还可以运用自我监督的方法来获得反馈信息。关于这一点我们可以参考下面的案例与讨论。

案例与讨论　*自我监督系统和监控系统*

案例一：
　　某公司的信息技术通信系统可以提供对业务员的准确监督信息。团队领导可以运用这些信息对绩效水平进行监督，业务员本身也可以根据系统中的信息了解自己每天的工作状况和工作效率。这个系统的目的是公开正在进行的信息收集过程，鼓励自我监督，以便团队成员可以了解自己的工作进展和工作效率，发现问题时可以及早采取行动。

案例二：
　　某客户服务中心采用信息管理系统对个人和团队的绩效进行实时监督，包括历史档案和报告、负载能力和记录维护等。实时数据统计包括回应的呼叫数量、未应答的呼叫数量、平均应答时间等。同时，该信息管理系统可以统计每个业务员的平均活动时间。系统参数可以轻松快速地进行重新配置，也可以实现系统动态变化。

问题：
　　你认为这两种监督系统的区别在哪里？各自的优点是什么？

总结：
　　第一种是自我监督系统，第二种是监控系统。团队成员可以通过自我监督系统得到反馈和进行实时的监督。但是这个方法的运用需要依靠团队成员的自觉性和一个及时更新的系统，因此，监控系统非常重要。团队领导可以通过监控系统及时发现问题，从而有效保证团队绩效的实现。

24.3　控制

　　控制是保证各项活动按计划进行并纠正各种偏差的过程。一个有效的控制系统可以保证各项行动完成的方向与组织需要达到的目标相一致。控制系统越完善，目标就越容易实现。

步骤与方法　*控制过程的步骤*

　　控制过程可以分为三个步骤，如图24-2所示。

1. 衡量实际绩效

通常我们可以采用个人观察、统计报告、口头汇报、书面报告等多种形式来衡量实际绩效。

2. 与标准相比较

与标准相比较，团队可以发现实际工作与标准之间的偏差。

3. 纠正偏差

纠正偏差的方法可以在三种方案中选择：什么也不做、改进实际工作、修订标准。

在控制的过程中，团队需要通过收集信息来分析计划进展的情况。如果有大的偏差，团队应采取行动进行修正，使计划回到正常的发展道路上。

图 24－2　控制过程的步骤

步骤与方法　修正措施

计划偏离正轨时可以有多种修正措施，要根据具体情况而定。例如：
- 为适应新情况而适当改变计划；
- 现场做出反馈和调整；
- 开会讨论；
- 让团队成员自己改正；
- 加强监督和管理；
- 修改工作计划和时间表，重新分配工作；
- 改变工作运行方式；
- 提供额外的训练或培训；
- 进行技术调整，如对系统进行重新配置；
- 获取额外的资源或重组目前的资源。

下面的案例与讨论反映的是一个应该修正的情况。

案例与讨论　出现问题后如何进行修正

王红在最近的人事任命中被升为公司宣传部门的主管，这是由于她能够在平时工作中提出好的创意和建议，客户满意度很高。但是，王红存在一个问题，就是她什么都喜欢亲力亲为，不能很好地处理团队工作，分配任务，这大大降低了本部门的效率，延缓了工作进度。渐渐地,王红团队的表现开始落后于其他团队。在团队会议上,总经理指责她的团队成员表现不佳,"让人很失望"。在那之后,团队的表现更差了。高层领导决定采取措施进行改善。

如果你是王红的团队领导,你如何处理以上情况?

总结:

你可以采取以下措施:

○ 首先,与王红进行个人谈话,表明对情况的关心,问她是否有办法解决;

○ 其次,提出自己的观点和建议,例如,让王红试试参加课程以提高团队管理技能;

○ 再次,召开团队会议来澄清疑虑;

○ 最后,如果上述措施对情况没有任何改善的作用,可以考虑更换小组的领导。

但是你应当注意:这些措施应具有建设性,你要提出解决方法和提供支持,而不是单纯地进行批评。批评不会让人改进,因为它会使交流变成相互指责或抱怨。如果这些措施在限定时间内没有效果,团队就需要进行重大的调整。

24.4 支持

在上面的案例中,团队领导在处理王红的问题时可采用不同的方法,这些方法都需要获得相应的支持和帮助。团队领导对工作进行监督和控制时,应当始终记住团队要运用各种机会进行学习,以此来发展技能。

除此之外,团队需要支持的情况还有很多,尤其是团队士气低落的时候。很多因素都会造成团队士气低落,如缺乏鼓励,工作环境恶劣,得不到承认,团队缺乏和睦或工作过重,等等。团队士气低落会有很多的征兆,例如:

○ 缺席和请病假的人数上升;

○ 团队成员之间摩擦增多;

○ 团队成员的精神面貌不好,缺乏合作意识;

○ 团队成员的工作效率下降;

○ 团队成员的纪律性越来越差;

○ 团队的生产水平降低;

○ 团队成员的不满情绪增多;

○ 团队成员的健康水平和安全水平降低;

○ 客户投诉增多。

团队领导给团队提供支持有助于提高和维持士气，提供支持的方法很多，具体见步骤与方法介绍。

步骤与方法　提供支持的方法

- ○ 调解争端；
- ○ 提供技术支持；
- ○ 提供定期反馈；
- ○ 分享经验，强化正面影响，避免或减少负面影响；
- ○ 用新的方法训练团队成员（训练的五个步骤内容详见22.2）；
- ○ 进行培训（培训的六个步骤内容详见22.3）；
- ○ 严肃纪律；
- ○ 维持或改善工作条件。

本章小结

组织开始运转，计划开始执行都离不开监督、控制与支持。监督与目标有关，需要提供所需的反馈，离不开科学的监督方法；而控制则保证了反馈之后各项行动方向与组织目标一致，这其中包括了许多修正措施；团队及领导的支持为团队成员的日常工作提供了非常大的帮助。

思考与练习

1. 监督绩效标准要从哪些方面进行考虑？
2. 控制过程包含哪些步骤？
3. 反馈环有哪些环节？
4. 你喜欢使用哪些提供支持的方法？

第 25 章　评估工作绩效

学习目标
1. 了解评估标准；
2. 掌握为团队提供反馈的方法；
3. 重点掌握工作评估的两种方法。

学习指南
　　上一章我们讲了"监督、控制与支持"。在本章，我们将讨论工作绩效的评估，包括评估的标准、如何提供反馈信息和怎样进行有效评估。评估工作绩效的目的是对计划的完成情况进行评估，从而对工作的进展做出反馈，这样我们可以从中吸取经验教训，改进未来的计划。

关键术语
　　绩效评估标准　反馈的方法　正式评估　非正式评估

25.1　评估标准

　　上一章我们提到了监督标准，这些标准对评估也同样有用。从基于系统和利益相关者的反馈中，团队可以得到各种信息。团队可以用进度表的完成程度、达到质量标准的情况、客户和其他利益相关者的满意度等来评估绩效及计划的进展情况。这些信息汇总在一起，我们可以划分标准后进行评估和分析。

　　我们可以将这些信息划分为四个方面的标准，对组织计划实施的绩效进行评估和分析，如表 25-1 所示。

表 25-1　绩效评估标准与分析

标准	举　　例
成果	○ 组织、团队和团队成员的目标达成程度分别如何？ ○ 有哪些定量的数据可以用来对结果进行评估？ ○ 新的产品或服务是否符合用户的标准？它们使客户满意度有多大的提高？

续表

标准	举 例
凝聚力	○ 计划实施过程中团队成员的合作是否愉快？ ○ 团队成员之间的矛盾主要在哪些方面？ ○ 团队成员是如何去适应成员结构的变化的？
学习	○ 团队成员在这个过程中进行了哪些方面的培训？ ○ 团队成员哪些方面的能力得到了提高？
综合	○ 团队的目标与整个组织的目标是否一致？ ○ 各个团队之间的工作是如何协调一致的？

进行了以上分析后，最重要的是解决以下问题：
○ 计划过程的每一步工作都做完了吗？
○ 如果完成了，我们还能做些什么以便计划在下次能被更好地完成？
○ 如果没完成，为了下次不犯同样的错误，我们应当从中吸取什么教训？

延伸与拓展　绩效考核制度

　　对于企业人力资源管理而言，建设绩效考核制度的一个重要目的是把握员工的工作现状以及优缺点，使企业更好地挖掘人才，为员工安排合适的工作，帮助员工更好地实现自我价值。

　　然而，纵观实际现状，企业绩效考核制度的指标模糊、基准不清晰。这些问题导致绩效考核的价值难以实现。为此，有关部门的工作者需要结合企业的实际现状与战略发展目标，不断优化与调整绩效考核制度。

　　团队领导在制定企业的绩效考核标准时，应具备长远、系统、整体的眼光。团队领导根据企业的实际发展现状，发挥绩效考核制度的优势，设计合理、科学、有效的绩效考核管理制度体系，并且将该体系有效地贯彻实施。只有这样，企业的战略发展目标才可以实现，绩效管理的目的和效果才能达到，最终，企业经济效益才得以不断提升。

　　——资料改编自：袁冉冉. 企业绩效考核制度的建设与实施探究［J］. 财经界，2020（10）：51–52.

25.2　反馈信息

　　从评估的过程中得到反馈后，团队领导应该将反馈的信息传递出去，从而保证团队及团队成员从计划的经验中得到学习和发展。如果没有反馈，团队成员就不知道自己做得怎么样，问题出在哪里。提供正确的反馈信息可以帮助团队获得发展并做好未来的工作。良好的反馈具有以下特点：

- 反馈关注的是具体情况而不是综合情况。反馈要避免笼统概括，越具体越好。
- 反馈要基于准确的信息。
- 反馈涉及的信息要具有相关性。在适当的时间提出适当的反馈。
- 反馈涉及的是行为而不是人。反馈要强调做了什么而不是由谁做的。
- 反馈要基于事实而不是推论。推论是对行动的解释，而不是事实。
- 反馈是双向的，要让团队成员参与其中。
- 反馈是为了得到其他选择。可以让成员提出建议使事情得以改进。
- 反馈对于接收者是有价值的，它应该是一种帮助而不是强迫接受。
- 反馈是有目的的，而不是不满和批评。反馈应该注重能做到什么，而不是已经发生了什么。
- 反馈涉及的信息应该是可接受（可接收并且可理解）的。

在这个过程中只有反馈还不行，团队还需要对反馈进行进一步反思，考虑如何才能让反馈更有效。

步骤与方法 反馈的方法

1. 建设性的反馈

建设性的反馈是有效的。反馈不应该是对团队或团队成员进行批评的手段，而应该是每日常规活动的一部分，也应该是一系列非正式和更多正式工作的一部分。

重要的是要让团队和团队成员都做好改变的准备，他们将参与到一个双向的过程中。团队成员应当时刻准备改变自己的方法和观点，适当时要做进一步反馈。事实上应在团队和团队成员需要支持时，鼓励他们寻求反馈。建设性反馈的特点，我们将在27.4"绩效激励"中进行介绍。

2. 一对一的反馈

反馈可以针对团队或团队成员提出。但是，需要注意的是，反馈针对的是他们的行为而不是人。当问题影响到团队的每个成员时，反馈就是一项团队事务；当问题是由个别团队成员的行为造成时，反馈可以选择在私下进行。严厉地责骂某人只会造成伤害，情况不会有所好转。

3. 利用身体语言进行反馈

在做出反馈时，身体语言与口头语言一样重要。如果身体语言传达出来的意思与所说的话矛盾，可能就会传达错误的信息。例如，在大多数反馈中，友好、放松的态度和微笑是恰当的，这会使反馈得到比较好的效果。关于身体语言，在10.1"身体语言沟通"有介绍。

4. 保存记录

对监督和非正式评估的重要方面进行记录是很重要的，同时应该记录各方所认可的各种措施。保存记录有助于人们了解反馈的影响，有助于人们了解过去的绩效，同时可以帮助团队成员按要求进行工作。

25.3 工作评估

向团队成员提供反馈的标准方法就是工作评估。工作评估包括了非正式评估与正式评估两种方法。工作评估使团队成员清楚地认识到他们的工作表现，同时使他们明确自己在哪些领域还需要额外的支持和培训，以便改进工作表现或强化自身的技能水平。这和我们之前学习的目标制定、目标监督都是相关的。现在我们可以利用评估体系对这些目标进行评估、修改或者制定新目标。评估体系需要：

- 在组织目标中包括团队目标和个人目标；
- 以建设性的反馈信息为基础来激励团队成员；
- 鼓励团队成员对他们的工作展开讨论；
- 营造一个重视学习与发展的氛围；
- 将绩效与奖励挂钩；
- 保持稳定的、连续性的目标。

25.3.1 非正式评估

非正式的或在工作过程中的评估为团队领导与团队成员双方提供了一个对工作表现交换看法的重要机会。每个团队成员可以解释已经发生的反常事件并重点说明他们打算如何在以后的工作中进行调整。尤其是当目标不能实现时，团队成员应当让团队领导了解情况。团队领导则应当对团队成员的绩效给出反馈信息，就他们的工作方向是否正确进行磋商，并给予他们适当的鼓励，重新确定方向。

非正式评估中，让团队成员懂得运作规则是非常重要的。例如，在什么情况下团队成员所提供的信息才能被上传？同样，建立信任也是很重要的一点，因为非正式评估只有在信任的前提下才能奏效。

25.3.2 正式评估

正式评估比较有条理。它通常是根据人事部门或人力资源部门制定的程序来执行的，有时正式的评估会对工资审核或奖金分配方案产生影响。在这种情况下，评估的重点往往是前面完成的目标和取得的成果。同时，正式评估还需要有第三方（比如人力资源部门）的参与，或者需要在一对一的基础上运用特定的方法进行评估。

步骤与方法　正式评估的方法

1. 自我评估

自我评估是对自我进行监督的最好方法。团队成员应当按照制定的目标对自己进行评估，并且确定自己的评估结果与目标绩效的差距。团队成员应该考虑到今后的影响因素，将提高绩效放在优先位置，并且提出一份将来的目标和发展计划。团队成员最好用表格来做评估工作。

2. 主管领导评估

主管领导应当对团队成员和团队做出评估，并反映目标的实现状况，以及在将来还要达到何种目标。主管领导在评价时最好使用表格，可以用类似于个人或团队评估使用的表格，将评估的内容划分为几个方面并进行评分。

3. 会面

会面主要是通过对比目标来协调发展的意见并确定今后的行动。它必须建立在提供建设性反馈信息的基础之上。换句话说，过去发生的事情和为将来处理绩效差异需要做的事情必须协调。团队领导事先要认真准备，这是保证会面成功的基本因素。

4. 汇报

汇报是以一种总结性文件呈现的，文件内容包含评估过程的结果，尤其是对未来目标、绩效和发展，甚至是对培训所确认的内容。评估者和评估对象都应得到一份报告，这样双方清楚将来需要做什么，并可对比确认的目标来监督绩效。

25.3.3　有效评估

有效评估可以很好地改进工作绩效。要想得到有效评估需要注意以下几点：

- 设定合理的评估目标。如果只是为了使工资奖励合理化，那是远远不够的，因为人们从工作中获得的奖励不仅包括工资，还包括对工作的肯定及良好的发展机会等。
- 当管理部门通过计划来进行控制时，要注意控制和授权之间的平衡。
- 领导需以身作则，贯彻计划。因为如果上级主管不按计划工作，就很难要求下属付出最大的努力。
- 在这一过程中，领导需要分析本质原因，确定目的和最佳方法。

接下来的两个评测与评估可以帮助你评价你的反馈，并帮助你复习评估系统。

第 25 章　评估工作绩效

评测与评估　评估你的反馈

指导：

（1）对照良好反馈信息的十项要求，回答下列问题，评估你的反馈，完成表25-2。

表25-2　对反馈的评估

描　述	是	不是
你是否就一个或一些具体的情形进行了讨论？		
你是否将你的评论建立在真实准确的信息的基础上？		
你是否在合适的时间提供了信息反馈？		
你是否能考虑到相关的问题？		
你所讨论的是否是观察到的行为而不关乎做出行为的人？		
你是否通过邀请他人发表意见使他们参与其中？		
你们是否就下一次的改进方法达成一致？		
你们的注意力是否放在下一次需要做的事情上，而不是以前发生过的事情上？		
你是否提供了帮助他人进行改进的反馈信息？		
你是否通过使用适当的聆听和提问的技巧，确保你的信息被接收并被理解？		

（2）反思你给出反馈的过程。

（3）按以上十项要求进行评估，你的表现怎么样？哪些方面做得较好？哪些方面需要改进？

总结：

通过上面的评测，你应该可以掌握良好的反馈应具备的特点，并能够运用这些理论指导你对自己的反馈做出改进。

评测与评估　评估系统评价

根据下面的项目对自己目前的评估系统进行评价，按1~5分打分，1分最差，5分最优，完成表25-3。

表25-3　评估系统评价

良好的评估系统的特点	分　数
包括这些方面的内容：自我评估、主管领导评估、会面、汇报	
根据组织目标确立个人目标和团队目标	

续表

良好的评估系统的特点	分　数
具备改正不良绩效的目标和机制	
在建设性反馈的基础上激励团队成员	
鼓励团队成员对工作中的问题进行讨论	
建立一种学习至上的氛围	
将工作表现、获得认可与奖励联系在一起	
标准保持前后一致	

问题：
你可以通过什么方法使评估系统得以改善？

总结：
高效的工作需要好的评估系统，你可以就改善评估系统与同事和主管领导进行讨论。

本章小结

首先，评估工作绩效需要知道评估的标准有哪些；其次，评估工作绩效需要知道得到了评估的反馈后，如何正确地将信息反馈给团队成员；最后，评估工作绩效需要进行工作评估，工作评估包括了非正式评估与正式评估两种工作评估方法，你需要知道如何利用这些方法进行有效评估。只有对整个评估环节熟练掌握，你才能在日常工作学习中灵活运用这些评估方法。

思考与练习

1. 我们用以评估的标准可以分为哪些方面？
2. 反馈方法有哪些？
3. 评估分为哪两种？它们分别有哪些特点？

实践与实训

指导：

本次练习要求你将计划好的系统程序应用到一项你或你的团队所要执行的任务中去。建议你选择规模较小的任务或活动，这样可以尽快地看到工作的结果。你可以在完成小任务的基础上，将技巧和方法应用到下一个大的活动。

目标实现调查表中，第一列是你需要做的事情；根据活动的具体情况，你可以在第二列对你需要做的事情做出相应评价。

目标实现调查表

1. 确定目标与制订计划	各要素所起的作用
团队目标和个人目标（如果适当的话）	
团队 SMART 目标和个人 SMART 目标	
确定任务	
分配任务	
获得资源	
制定计划进度表	
2. 监督、控制和支持	
定量的绩效测量方法	
定性的绩效测量方法	
改正措施	
提供支持	
3. 评估工作绩效	
评估标准	
提供反馈信息	
进行非正式评估	
进行正式评估	

总结：

上面的练习将会对你的工作有所帮助。你需要把这些方法和做法贯穿在你的工作当中。团队工作目标的实现需要你解决各个环节中的问题。

单 元 测 试

一、单选题

1. 陈经理在进行部门工作时经常采用从组织的顶层分解至底层的方法来分解组织目标，他的这种方法被称作（　　）。
   A. 头脑风暴法　　B. PEST 分析法　　C. 德尔菲法　　D. 目标管理

2. 萨姆是一名刚毕业的大学生，他进入新公司以后为自己制定了一个目标规划，为了使自己更好地发展，他在制定目标时应该（　　）。
   A. 不考虑组织目标
   B. 不考虑具体衡量目标的标准和依据
   C. 让自己的目标遵循并服从团队的目标
   D. 自己认为满意就行

3. 晴晴打算每天利用睡前时间练习英语口语，她的目标符合 SMART 原则中的（　　）原则。
   A. 可达到的　　B. 可实现的　　C. 可衡量的　　D. 有时间期限的

4. 郝经理为了对销售部门进行监督，他制定了一系列的硬指标。下列选项不属于硬指标的是（　　）。
   A. 市场占有率　　B. 合同成交率　　C. 销售额　　D. 顾客意见调查表

5. 杨经理为了更好地监督宣传部的工作，采用了软、硬两种监督指标，关于这两种指标，说法不正确的是（　　）。
   A. 软指标就是人们说的意见和各种感觉、观点、看法等
   B. 硬指标是事实和统计数据
   C. 软指标比硬指标更有效
   D. 软指标又叫定性指标，硬指标又叫定量指标

二、案例分析

某机床厂按照目标管理的原则，把目标管理分为三个阶段进行，其中第一个阶段

单元测试

是目标制定阶段。下面是目标制定的过程。

1. 制定总目标

该厂通过对国内外机床市场需求的调查，结合长远规划，并根据企业的具体生产能力，提出了2009年"三提高""三突破"的总方针。所谓"三提高"，就是提高经济效益、提高管理水平和提高竞争力；"三突破"是指在新产品数目、创汇和增收节支方面要有较大的突破。

2. 制定部门目标

企业总目标由厂长向全厂宣布后，全厂就对总目标进行层层分解，将目标层层落实到各个部门。各部门的分目标由各部门和企业管理委员会共同商定。

3. 进一步分解和落实目标

部门的分目标确定以后，接下来的工作就是将目标进一步分解并层层落实到每个人。

部门内部进行小组（个人）目标管理，其目标管理的形式和要求与部门目标制定相类似，拟定目标时也采用目标卡片，并由部门自行负责实施和考核。部门内部要求各个小组（个人）努力完成各自的目标值，以保证部门目标的如期完成。

该厂部门分解目标的具体方法是：首先，把部门目标分解落实到职能组；其次，把任务级分解落实到工段，工段再下达给个人。通过层层分解，全厂的总目标就落实到了每一个人身上。

根据以上案例，回答以下各题。

1. 该机床厂采用（   ）的方法将任务分解到个人。
   A. 工作分解结构　　B. 头脑风暴法　　C. 绩效循环　　D. 绩效评估

2. 在任务分解的过程中，（   ）不属于在"核实分解的正确性"阶段需要确认的问题。
   A. 分解的最低一层是否必须具备
   B. 每项任务的定义是否清晰完整
   C. 项目的主要工作是否已经明确
   D. 每项任务是否能够恰当地编制进度和预算

3. 在任务分解的过程中，完成（   ）的工作后，需要核实分解的正确性。
   A. 明确并识别项目的主要工作任务
   B. 确定每个工作任务已经非常详细，并可用于编制成本估算和时间估算
   C. 确定每个工作任务的组成部分

D. 每个团队分头执行各自的任务

4. 为了了解目标的实施情况，机床厂领导可通过非正式评估的方式了解情况。非正式的工作评估只有在（　　）的前提下才能奏效。

    A. 领导重视　　　B. 深入交流　　　C. 存在信任　　　D. 员工积极

5. 正式评估是一种检验团队成员工作成果的方法。不属于正式评估方法的是（　　）。

    A. 自我评估　　　B. 私下聊天　　　C. 主管领导评估　　　D. 汇报

扫描二维码，查看参考答案

第 IX 单元　团队激励

即使你的团队成员是世界上最能干的，如果他们对工作毫无兴趣，不关心工作做得好不好，那么他们的实际绩效也会远远低于其潜能绩效。同样，激励水平高，但团队成员能力很低，团队成员的绩效也会很差。但是，能力问题并不是本单元的核心。本单元要讨论的是绩效和激励水平之间的关系，以及怎样提高激励水平，进而提高绩效。

那么，究竟什么是激励呢？一种说法是，激励就是"内在动力"，它驱使人们自愿从事一些工作。在更多情况下，它可以驱使人们学习一种新技能，或者努力完成一项工作。

但是，如果激励只是一种内在动力，作为一名团队领导，你怎样才能对团队成员的内在动力产生影响呢？本单元将探讨这个"怎样"的问题，即你可以做些什么来提高团队的激励水平。你会发现有很多事情要做。同时，你也会发现有一些影响因素是你无法控制的，我们也将讨论这些因素。首先，我们要了解哪些因素会激励人们在工作中更加发奋进取，哪些因素会使人丧失上进心；其次，知道这些以后，我们要进一步研究提高团队激励水平的方法；当然，最后，还是要由你自己来选出适合自己团队实际情况的方法。

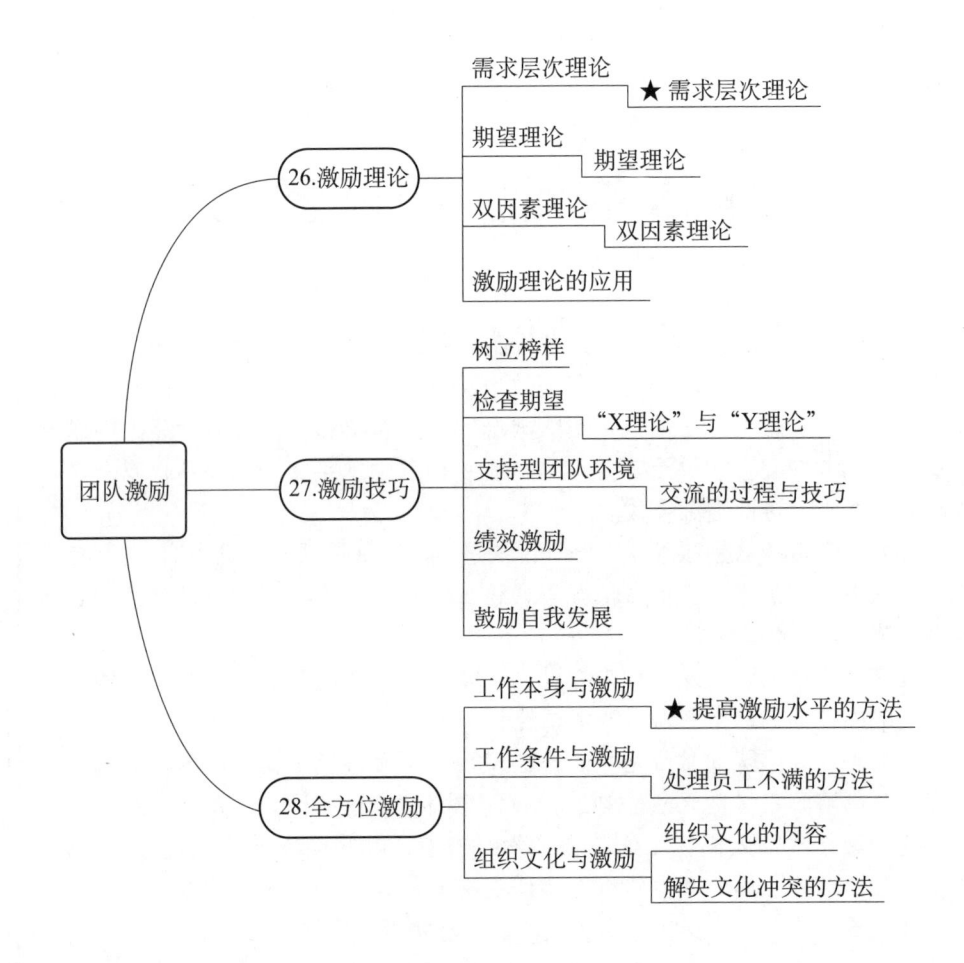

```
                                        需求层次理论
                                                    ★需求层次理论
                          ┌── 26.激励理论 ──┤ 期望理论
                          │                         期望理论
                          │                 双因素理论
                          │                         双因素理论
                          │                 激励理论的应用
                          │
                          │                 树立榜样
                          │                 检查期望
                          │                         "X理论"与"Y理论"
          团队激励 ────────┼── 27.激励技巧 ──┤ 支持型团队环境
                          │                         交流的过程与技巧
                          │                 绩效激励
                          │                 鼓励自我发展
                          │
                          │                 工作本身与激励
                          │                         ★提高激励水平的方法
                          └── 28.全方位激励 ─┤ 工作条件与激励
                                                    处理员工不满的方法
                                            组织文化与激励
                                                    组织文化的内容
                                                    解决文化冲突的方法
```

★代表本部分是案例重点考核内容。

扫描二维码，学习本单元概况

第 26 章　激励理论

学习目标
1. 了解激励理论的应用；
2. 掌握期望理论和双因素理论；
3. 重点掌握需求层次理论。

学习指南

人们投入的努力源于激励，当激励与能力结合在一起，就会产生卓越的绩效。有些人总是在工作中表现得极其优秀，即使在对工作不是非常感兴趣的情况下，也能够以优异的表现完成工作。

多年来，心理学家和行为学家提出过一些不同的理论，试图解释是什么在激励着人们。这些理论有助于理解激励，并且帮助团队领导决定他们在工作中应该怎样激励团队成员。本章将讨论激励的三个理论，以及激励理论的应用。

关键术语

需求层次理论　期望理论　双因素理论

26.1　需求层次理论

毫无疑问，人们总是有各种需求并会通过努力来满足这些需求。

美国社会心理学家亚伯拉罕·马斯洛（Abraham Maslow）提出了需求层次理论，他认为需求驱动着人们的行为。如图 26-1 所示，他确定了五个层次的需求。

- 生理需求：包括食物、水、住房和让人们免受自然灾害的各种保护，人们需要这些物质资料来维持生存。
- 安全需求：即免受危险和贫困的困扰而产生的安全感。在大多数的社会里，这种需求来自相对稳定的政策，以及使生活受到保护的法律和法规。
- 社会需求：这是人们对爱、友谊和归属感的需求。人们通过归属于一个或几个团体（比如家庭、社会、运动团体或者工作团队等）来满足这种需求。
- 自尊需求：每个人都有为自己感到自豪的需求，即自尊需求。人们可以通过别人传

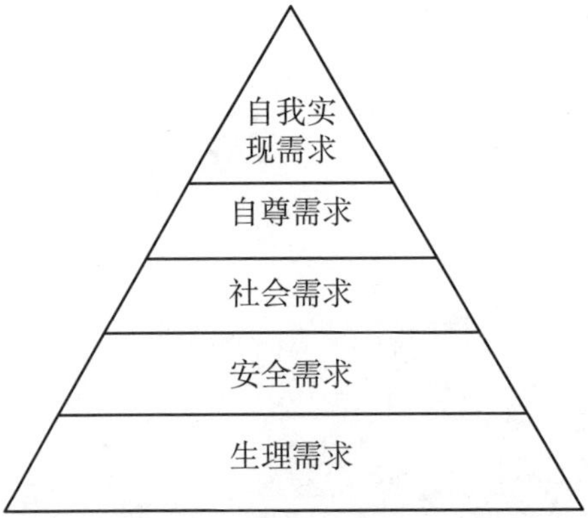

```
        自我实
        现需求
       ──────────
        自尊需求
      ──────────────
        社会需求
    ──────────────────
        安全需求
   ────────────────────
        生理需求
  ──────────────────────
```

图 26−1　马斯洛的需求层次理论

达的积极信息以及他人对自己行为的评价来满足这种需求。这种需求如果得到满足，人们就会产生自信和自尊，反之则会导致自卑、软弱和无助。

○ 自我实现需求：这是实现个人自我发展目标的需求——人们想要获得某种成就，因为成就能带来满足感。

马斯洛指出这些需求具有不同的层次，生理需求位于最底端，而自我实现需求则处于顶端。一般情况下，低级的需求比高级的需求更容易实现。

在一开始的研究中，马斯洛认为人们首先考虑生理需求，其次才会考虑到安全需求和社会需求等。只有满足了低层次的需求后，人们才会集中精力考虑高层次的需求。但是，他后来对此观点进行了修正，形成了这样的观点：在低层次的需求没有完全实现之前，人们也能追求高层次的需求。下面的案例与讨论就说明了这个道理。

案例与讨论　需求层次

案例一：

露娜出身于肯塔基州的一个乡镇，她十分向往纽约大都市，于是离开家乡去纽约寻求不一样的生活。来到纽约之后，她发现自己每天思考的主要问题就是如何维持生计。因为纽约的物价十分昂贵，所以，她经常负担不起房租以及其他各种开销。之前在家乡的那种平静休闲的生活再也没有了。她没有时间去听歌、看电影、插花、种菜。

案例二：

疫情期间，有些人害怕自己被传染，想尽一切办法逃离疫区。就在生死存亡的时刻，有那么一群人，逆着人流，进入最严重的疫区。他们冒着被病毒侵袭的风险，连续工作，吃不好睡不着，在自己的生命受到威胁的时候，依然英勇无畏，追求着自己的信仰。这群逆行者，就是医护人员。

问题：
是不是必须在较低层次的需求得到满足后人们才会去追求更高层次的需求呢？

总结：
虽然，马斯洛的需求层次理论具有很强的应用性，但是，各需求层次之间的界限并不是很清晰。事实上，总有一些人超越自身的处境去追求更高的境界。

在现代组织里，有各种各样的方法可以满足人们不同层次的需求，如表26-1所示。

表26-1 组织满足需求的方法

需求	满足需求的方法
自我实现需求	通过完成能带来个人满足感的工作来满足（如成功地完成一个项目）
自尊需求	通过表扬、提拔、承认工作业绩，受到重视来满足
社会需求	通过与团队其他成员合作、发展友谊、参加社交活动来满足
安全需求	通过安全的工作环境来满足
生理需求	通过薪酬和良好的工作条件来满足

将马斯洛的需求层次论应用到实际工作中，我们应该记住以下两个要点。
- 团队成员不会完全希望通过工作来满足他们全部的需求，一些人只把工作当成一种谋生的手段，他们会运用许多工作以外的方法来满足自己高层次的需求，比如，有些团队成员通过发展兴趣爱好或是从事志愿工作等来满足自己高层次的需求。
- 团队成员对不同的需求重视程度不一样。比如，对于有些团队成员来说，社会需求最重要，而对于另外一些团队成员来说，自我实现需求可能才是最紧迫的需求。

仔细回顾你的工作，按照马斯洛的需求层次理论回答下面的问题。

训练与练习 需求与满足需求的方法

问题：
在工作中有什么方法使你的需求得到满足？在表26-2中记下这些方法。

表26-2 需求与满足需求的方法

需 求	满足需求的方法
生理需求	

续表

需　　求	满足需求的方法
安全需求	
社会需求	
自尊需求	
自我实现需求	

总结：

可能大家会发现，有些方法能满足不止一种类型的需求。比如，完成一个项目可能会涉及：

○ 与团队成员紧密协作（满足社会需求和自尊需求）；
○ 上级管理部门的良好评价（满足自尊需求）；
○ 从成功的结果中得到个人满足感（满足自我实现的需求）。

你也可能会意识到满足需求的过程会涉及别的团队成员或整个组织。

马斯洛提出的需求层次理论认为每个人都有自己的需求，如何满足这些需求，决定了人们的行为方式。

26.2　期望理论

在马斯洛需求层次理论的基础上，管理学专家开始考虑使人们不断努力来满足自己需求的方法，并进一步关注更高层次的需求，比如，社会需求、自尊需求和自我实现需求。他们也在考虑人们会采取什么样的行动，以及人们希望通过这些行动得到什么样的结果。

通过试验和调查，他们确信，人们如果知道额外的努力可以带给自己想要的东西，满足自己的某些期望，人们就会受到激励，就会更努力地工作。满足与激励如图26-2所示。

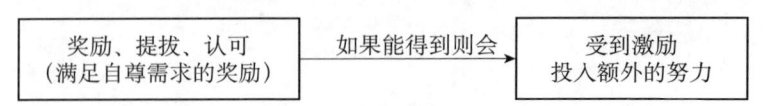

奖励、提拔、认可
（满足自尊需求的奖励） →如果能得到则会→ 受到激励
投入额外的努力

图26-2　满足与激励

当人们期望被提拔时，如果更努力地工作将带来提拔的机会，他们就会受到激励，并会更努力地工作；如果提拔只与参加工作的时间长短和资格有关，他们就不会因受到激励而投入额外的努力。

虽然，努力工作并不一定直接带来预期的最终结果，但是，这种额外的努力肯定会带

来一些实实在在的结果。因此，在投入努力和产生最终结果（第二级结果）之间存在一个发展阶段（第一级结果），基本过程如图 26-3 所示。

```
受到激励          第一级结果              第二级结果
投入额外的努力  所以引起  绩效水平提高   由此得到  表扬、提拔、认可
                  （达到目的、              （满足自尊需求的
                  生产率提高、              奖励）
                  实现目标）
```

图 26-3 受到激励的结果

为了实现第二级的结果（表扬、提拔、认可），团队领导需要使所实现的目标更加透明和公开，这样可以让团队成员根据自己想要的结果（表扬、提拔、认可）来完成工作，并以此满足他们的自尊需求。因此，奖励能满足人们的需求，激励人们努力工作。将渴望获得奖励和努力工作联系在一起，这种理论被称为"期望理论"，其基本观点是：人们在预期自己的行动将会有助于达到某个目标的情况下，会被激励去做某些事情。期望理论是1964 年由北美著名心理学家维克托·弗鲁姆（Victor Vroom）首次提出的，美国心理学家莱曼·波特（Lyman Porter）和爱德华·劳勒（Edward Lawler）在 1968 年对该理论进行了进一步完善。接下来的训练与练习是讨论期望理论的意义。

训练与练习　期望理论的意义

问题：
作为团队领导，期望理论对你有什么意义？

总结：
你可能已经注意到以下两点。
- 团队领导和团队成员都必须清楚地了解要实现的第一级结果是什么，这意味着要设定明确的工作目标；
- 如果一个团队成员受到激励并实现了第一级结果，那么这个结果必须能带来第二级结果，否则团队成员很快就会产生失望的情绪。比如，如果某人一直为实现一个明确的目标而努力工作，除非他们受到表扬或得到其他的第二级的"奖励"，否则，他将很快变得失望，不再付出努力。

26.3　双因素理论

双因素理论也称激励-保健因素理论。20 世纪 50 年代末，美国心理学家弗雷德里克

·赫茨伯格（Frederick Herzberg）在企业中进行调查时发现，员工感到不满意，这主要与他们的工作环境或工作关系有关。这些导致员工不满意的因素的改善可以预防或消除员工的不满情绪，但不能直接起到激励的作用，因此，这些因素被称为保健因素。与此相反，员工感到满意，这主要与他们的工作内容或工作成果有关。这些促使员工满意的因素的改善可以让员工获得满足感，可以产生强大而持久的激励作用，因此，这些因素被称为激励因素。保健因素和激励因素具体如表26-3所示。

表26-3 保健因素和激励因素

保健因素	激励因素
○ 政策与管理 ○ 监督 ○ 薪酬 ○ 人际关系 ○ 工作条件	○ 工作成就 ○ 对工作的认可 ○ 工作内容 ○ 工作目标及性质 ○ 与工作相关的职责 ○ 工作的进展

图26-4概括了双因素理论的基本内容。

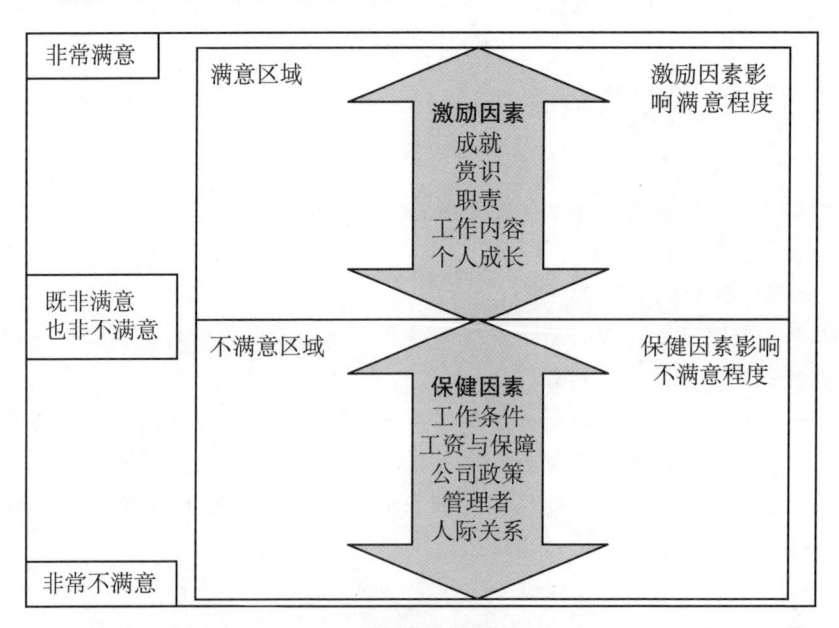

图26-4 双因素理论的基本内容

下面的训练与练习可以帮助你理解激励因素。

第 26 章　激励理论

训练与练习　激励因素

问题：

根据赫茨伯格的理论，下面哪一个事件很可能激励团队成员？
○ 在员工休息室添置一个咖啡机；
○ 团队领导确信团队成员都有明确的工作目标，而且工作目标也适合于团队成员的个人能力。

总结：

根据赫茨伯格的理论，虽然，为团队成员添置咖啡机能减少他们的不满，但是，实际上不会激励他们努力工作；而团队领导的信任将提高团队成员在工作中的激励水平，因为它与工作有直接关系。应用马斯洛的理论可以论证：由于添置了咖啡机，团队成员的休息环境得到改善，生理需求得到满足，团队成员有条件去全神贯注地实现更高级别的需求，即那些和工作有关的需求。赫茨伯格发现：能够增加激励的因素，特别是那些与工作紧密联系的因素，就是马斯洛所确定的能够满足自尊需求和自我实现需求的因素。团队成员更高层次的需求（如自尊需求和自我实现需求）可以在团队领导的帮助下得到满足。团队领导设定明确的目标有助于团队成员了解目标的完成情况。如果能够让团队成员从工作中获得成就感和满足感，就可以满足他们更高层次的需求。

26.4　激励理论的应用

虽然各种理论阐述的原理稍有不同，但是，有一点是可以肯定的，那就是团队领导的行为对于团队成员的激励水平有很大的影响。例如，个人的处事方式通常能够建立也能够破坏团队成员的自信心；团队领导管理绩效和组织工作的方式可以满足也可以完全忽视团队成员更高层次的需求。

作为团队领导，需要确定能够对什么施加影响，不能对什么施加影响。如果事情超出了自己的控制，或者造成了成员的不满，或者失去了激励作用，团队领导就有必要思考能够通过什么方式对工作进行改善。

训练与练习　充分激励

问题：

1. 写出两件你在工作中被充分激励的事件，然后简单地解释：什么因素对激励有帮助？它如何与理论相联系？

事件一：
○ 你为什么感觉被充分激励？
○ 你如何将它与一个或多个理论相联系？
事件二：
○ 你为什么感觉被充分激励？
○ 你如何将它与一个或多个理论相联系？
2. 简要地询问至少两个团队成员，他们什么时候感到：
○ 在工作中被充分激励；
○ 在工作中完全失去激励。
3. 如何利用我们在本章中学习的激励理论对其他团队成员的回答进行解释？

总结：
本练习的目的是使你在总结自己激励状况的基础上，能够更加深入地理解激励理论。

本章小结

本章你需要掌握需求层次理论、期望理论、双因素理论。需求层次理论认为每个人都有各种需求，如何满足这些需求决定了人们的行为方式；期望理论认为人们会通过某些方式来满足自己的期望，一旦受到激励则会更加努力；双因素理论认为团队领导需要消除与工作无关的不满意因素，改善与工作内容有关的正向因素。掌握并熟练应用激励理论到工作和学习中是本章的重点。

思考与练习

1. 简述马斯洛的需求层次理论。
2. 什么是期望理论？期望理论对于团队领导有哪些方面的意义？
3. 赫茨伯格的双因素理论认为导致团队成员满意和不满意的因素有哪些？

第 27 章 激励技巧

学习目标
1. 了解"X 理论"与"Y 理论";
2. 重点掌握交流的过程与技巧。

学习指南

激励是一个内在动力,很多理论认为,有许多外部因素会影响这个内在动力。团队领导本身就属于这些外部因素中的一个。因为,团队领导的行为会影响团队的激励水平。为了确保激励水平得到最大程度的提高,团队领导应该注意以下几点:树立榜样;检查期望;创造支持型团队环境;绩效激励;鼓励自我发展。本章将对这些要点进行讲解。

关键术语

"X 理论" "Y 理论" 交流过程 交流技巧

27.1 树立榜样

团队领导对团队的激励水平有很大的影响,这已经成为一种共识。那么,团队领导应该做些什么呢?答案很明显,就是运用上一章所学的几种激励理论,创造条件以满足团队成员更高层次的需求。需求层次理论在团队成员中的运用,如图 27-1 所示。

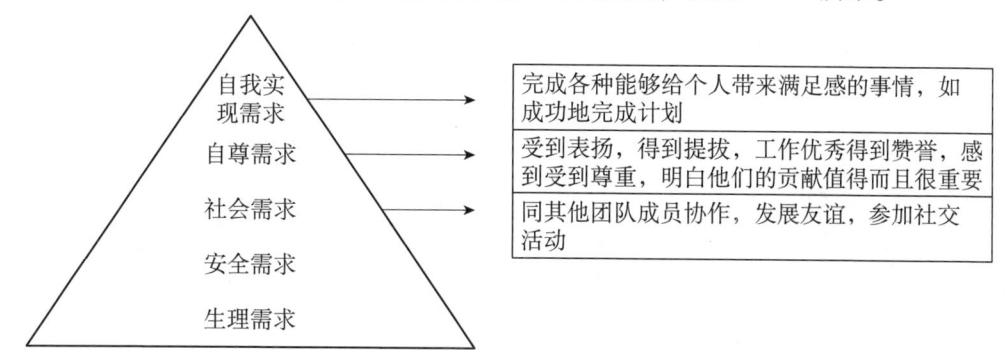

自我实现需求	完成各种能够给个人带来满足感的事情,如成功地完成计划
自尊需求	受到表扬,得到提拔,工作优秀得到赞誉,感到受到尊重,明白他们的贡献值得而且很重要
社会需求	同其他团队成员协作,发展友谊,参加社交活动
安全需求	
生理需求	

图 27-1 需求层次理论在团队成员中的运用

注意，我们现在探讨的是更高层次的需求。正如赫茨伯格的发现所提到的那样，在工作中强调这些需求将对激励水平有非常重要的影响，而这些需求也容易受到团队领导行为的影响。所以，团队领导应当在团队中树立良好的榜样。只有自己以身作则，才能去要求别人。因此，清楚地了解团队领导的激励水平非常重要。具体到实际工作中，团队成员到底会受到多大的激励呢？你可以通过下面的评测与评估进行评价。

评测与评估　激励水平

指导：

了解表27-1中的问题，并在相应的位置打钩。

表27-1　成员对团队领导激励水平的评价

你的团队对你的看法	是	否
愿意做额外的工作		
喜欢新的挑战		
愿意多付出一些		
不达目的誓不罢休		
对组织感兴趣并且关心组织		
关心自己的发展		
愿意承担责任		
乐于协助团队成员完成任务		
希望把工作做好		

总结：

团队领导可能有很多这样的特征，得到的"是"越多，则表示激励水平越高。

团队领导应当意识到自己的行为会对团队的激励水平产生很大影响，这一点是非常重要的。如果团队领导对工作显示出热情，这种热情会转移到团队中去，就可以为团队成员树立良好的榜样。团队领导自己没有激情，却希望团队成员充满热情，这是不切实际的。

当然，每个人的激励水平是不同的。如果团队领导感到自己在工作时激励水平很低，那么就需要研究其中的原因。为了团队的利益，团队领导不能让自己的某些情绪影响团队。

延伸与拓展　工匠精神

> 　　质量之魂，存于匠心。在经济社会快速发展的当代，弘扬工匠精神，培育工匠文化，一方面能够培养出更多的追求更高质量产品的"大国工匠"，另一方面可以为"中国制造2025"打造人才基地。作为近年来被极力倡导并受到广泛认同的精神理念，工匠精神具有极深的精神内涵和极高的技艺要求。工匠只有于劳作中体现出对生命的投入和对技艺的忘我，才能同时获得高品质的物质产品和高层次的审美感受。而在细考工匠精神渊源时我们发现，这一极具"现代感"的词汇却包含着极为丰富的文化内涵，携带着久远的"中国基因"。无论是在《考工记》还是在先秦典籍《庄子》中，均能发现工匠精神的初生形态，以及它所蕴含的深刻的哲学思想。在当下我国从"制造大国"向"制造强国"转型的征程中，更加需要工匠这一群体继续传承工匠精神、开拓创新，让中国制造、中国技艺、中国精神在世界舞台上得到淋漓尽致的展现。
>
> ——资料改编自：徐彦秋.工匠精神的中国基因与创新［J］.南京社会科学，2020（07）：150－156.

27.2　检查期望

有关期望理论我们在上一章已经做了介绍。可以明确的是，团队领导的期望将影响团队的绩效。弗鲁姆提出的期望理论认为，激励是评价、选择的过程，人们是否采取某项行动取决于他们对行动结果的价值评价和对目标实现的可能性估计，这种估计包括绩效期望值和回报期望值。

下面的训练与练习将解释团队领导的期望如何影响团队的绩效。

训练与练习　对团队成员的评价

问题：

思考下面的问题并选择适当的选项，完成表27－2。

表27－2　对团队成员的评价

问题 \ 意见	完全同意	大部分同意	几乎不同意
他们通常不喜欢工作			
他们需要被密切监督			

续表

问题 \ 意见	完全同意	大部分同意	几乎不同意
他们通常不愿承担责任			
他们没有太多的发展潜力			
他们仅仅为了钱而工作			

总结：

根据美国著名行为科学家道格拉斯·麦格雷戈（Douglas McGregor）在其专著《企业中的人》中提出的理论，每个人的回答将表明自己对团队的根本态度。

麦格雷戈相信有两种极端的管理方式，并把它们称作"X理论"和"Y理论"。信仰"X理论"的人认为，大部分人都天生懒惰，不愿意工作，必须给他们好处或者说服他们；信仰"Y理论"的人认为，工作就是人的天性，人们都想对自己的努力负责，如果这些人没有被激励，是因为组织中存在某些不足。

在上面练习中，如果你对大部分问题的回答是"完全同意"，那么表明你倾向于"X理论"；如果你对大部分问题的回答是"几乎不同意"，那么就表明你倾向于"Y理论"。

训练与练习　激励与"X理论"和"Y理论"

问题：

高度激励环境中的团队领导可能倾向于"X理论"还是"Y理论"？

总结：

一般而言，团队领导相信自己的潜能并且擅长开发潜能，在积极反馈与尊重他人的同时也能获得尊重。他们相信除了金钱需求以外，满足团队成员的一系列其他需求更为重要。这样的团队领导当然倾向于"Y理论"。换一种方式想想，如果团队领导总感觉团队成员需要被严格监督，认为他们总是想逃避责任，没有发展的潜能，那么这种情况下的激励会有帮助吗？答案当然是否定的。

在实践中，如果团队领导更倾向于"Y理论"，他将对团队抱有更高的期望值。

如果团队成员不喜欢工作，那么，团队领导对此时的团队期望低一点（倾向于相信"X理论"）将会怎样呢？思考下面这个案例与讨论。

案例与讨论　皮格马利翁效应

> 美国著名心理学家罗森塔尔等人做过这样一个实验：研究人员来到美国一所小学，从1~6年级，每个年级各选了3个班。他们对这18个班的学生"假装"做了预测，并以赞赏的口吻将"有发展可能"的学生名单通知有关教师，叮嘱教师保密。8个月后，他们对18个班的学生进行复试，发现名单中的学生大有进步，活泼开朗，求知欲旺盛，学习成绩提高了，与教师的感情也特别深厚。
>
> **问题：**
> 你认为这些学生学习成绩提高的原因是什么？
>
> **总结：**
> 学生学习成绩提高的原因是学生受到了教师期望的影响。教师扮演了皮格马利翁的角色。在希腊神话中，皮格马利翁是塞浦路斯的国王，他雕刻了一位女性的塑像，然后陷入对她的爱恋中。应他的祈祷，爱神维纳斯赋予了雕塑生命。因此，上述实验的现象又被称为"皮格马利翁效应"。其实，这个名单中的学生只是研究人员随意抽取出来的。实验证明，人的情感和观念会不同程度地受到别人的影响。人们会不自觉地接受自己喜欢、钦佩、信任和崇拜的人的影响和暗示。

27.3　支持型团队环境

无论在工作还是生活中，人们都有受到尊重的需求。以下是在工作中，能够让团队成员感到受尊重的信息有：

- 我们尊重你；
- 我们信任你；
- 我们重视你的意见；
- 我们想听听你的看法；
- 我们感谢你所做的工作。

团队领导需要创造支持型团队环境，使团队成员感到被重视，这就需要团队领导做到以下几点：

- 了解团队的每个成员；
- 显示出信任；
- 显示出尊重；

○ 与团队成员交流。

其中，要做到了解团队的每个成员，团队领导需要知道以下内容：
○ 他们喜欢什么工作；
○ 他们怎样看待自己的将来；
○ 他们能从工作中得到什么；
○ 他们有什么问题和困难；
○ 在他们的家庭生活中发生了什么影响工作的事情。

团队领导需要努力去发现信息并解决其中的问题，在适当的时候要表示出对每个团队成员的重视，就像下面的案例与讨论讲述的那样。

案例与讨论　关心团队成员

案例一：北京金山办公软件股份有限公司（以下简称金山）原董事长兼CEO求伯君表示："金山一直倡导一种快乐文化、家的文化，希望员工在公司更有归属感。越是经济不景气时，我们越希望给员工更多关怀。"金山建立员工服务站，并安排益智、趣味性活动，邀请员工及家属一同加入，通过这种方式促进团队内部的紧密联系。

案例二：馨馨所在部门的员工不仅对刘主管赞不绝口，而且对刘主管分配的任务又快又好地完成。这是因为刘主管时常关心部门的员工，馨馨的爸爸受伤住院，刘主管还亲自去医院送去了果篮。同事文文生孩子的时候刘主管也专门去探望。

问题：
你曾经关心过团队成员的生活与工作吗？

总结：
当然，关心团队成员并不意味着干涉他们的生活。团队领导应该通过关心团队成员的生活向他们传达这样一个信息：他们很受重视。了解团队成员意味着要花时间和他们在一起讨论工作进度、共同解决工作中的困难。团队领导也可以采用非正式的机会与成员进行交流，如在上下班的路上或在餐厅用餐时。这一过程重要的是倾听，团队领导应该记住一些内容，并且在恰当的时候对所听到的事情提供帮助。团队领导要关心团队成员真正感兴趣的事情，这样才能表现出领导对下属关心的诚意。

27.3.1　信任

团队成员需要在相互信任的氛围中工作，但是信任是一个非常难表达的概念，它包含以下两方面的内容：

第 27 章　激励技巧

- 自身值得信任；
- 信任别人。

如果一个团队领导自身值得信任并且非常信任别人，那么团队发展的机会就会增加。

大部分人相信他们自己是值得信任的，至于这种看法是否被其他人认可将取决于这个人平时的行为。证明自己能够被别人信任，需要花很长的时间，但是，失去信任往往只要一瞬间。

1. 自身值得信任的行为

自身值得信任的行为有：
- 言而有信；
- 不当众批评他人；
- 为团队长远的利益着想；
- 不承诺不能做到的事情；
- 若不能遵守诺言就解释原因让他人知道；
- 采取行动要谨慎，因为无意的行动往往会破坏信任。

2. 信任别人的行为

当信任一个人时，你就发出了一个强烈的信息，这个信息表示你对他的能力有信心，并重视他所做的工作。信任就是让团队成员承担责任并让他们亲自完成工作。信任的反面是严格的监督和控制。根据英国管理大师查尔斯·汉迪（Charles Handy）在《理解企业》一书中的理论，控制和信任的总量保持恒定，当控制水平提高时，信任的水平就会下降。

- 假设团队领导经常监督团队成员的工作，则：控制量 = 100，信任量 = 0。
- 如果团队领导降低控制量来减少监督，则控制和信任的总量可能会这样分配：控制量（80）+ 信任量（20）= 100。
- 在其他的极端情况下，团队领导可能完全相信团队成员能够做好工作。在这种情况下，控制和信任的总量的分配将变成：控制量（0）+ 信任量（100）= 100。

控制量需要根据具体的情况来改变。如果有人对工作完全陌生或者有些工作需要特殊的责任标准，则需要施加更多的控制。随着团队成员的经验和信心不断增加，大量的支持和非正式的进展检查将逐步取代控制，这些体现出团队领导对团队成员的信任。

下面的训练与练习可以帮助你进一步了解信任。

训练与练习　信任

问题：

怎样才可以使你相信团队成员能够完成某项工作？

总结：

团队领导在工作中经常需要采取主动，等到出了问题才发现自己没有信任他人，那就为时已晚了。因此，有时信赖团队成员就是信任的一次飞跃，但是做出这种飞跃必须明智。信赖团队成员需要注意的内容具体包括以下几方面：

- 评估风险（衡量事情失败的影响和事情失败的可能性）；
- 仔细地开展计划工作。

另外团队领导还需要考虑以下情况：

- 团队成员需要额外的支持吗？
- 如果需要，应提供什么样的支持？怎样提供支持？
- 团队成员了解自己的期望吗？

27.3.2 尊重

作为团队领导，尊重团队成员就意味着，团队领导和团队成员都将：

- 在团队中拥有平等的既得权力；
- 做出相等价值的贡献。

注意，相等并不是指双方完全一样，它的意思是"相等价值"。当人们不再相信相等价值时，那么实现以下事情将非常困难：

- 尊重团队；
- 以尊重他人的方式来工作。

下面介绍几种对团队成员表现出尊重的方法。

步骤与方法　对团队成员表现出尊重的方法

- 倾听团队成员的观点；
- 征求团队成员的意见；
- 充分考虑团队成员的情感；
- 信任团队成员；
- 勇于承认错误。

团队领导表现出对团队成员的尊重会使团队成员获得很大程度的激励。

案例与讨论　尊重是交往的基础

近日，某公司爆出令人愤怒的一幕：在发放员工证时，三名自称为公司培训干部的男子，在工作台前不停地念出员工的名字，然后将一张一张的证件全部丢在地上，每一个需要领证件的员工都要走在他们面前低头弯腰,像鞠躬一样捡起证件。员工证件虽然是一张薄薄的卡片,但也间接代表了员工的自尊和人格。培训干部"侮辱式"的丢弃证件,是对培训工作不重视,对员工不上心。冰冻三尺非一日之寒,从该事件来看,该公司以往对员工的态度多半不佳,甚至可能如网友所言:"工厂里不把基层员工当人看,在管理者眼中员工只是一个个没有感情的零部件而已。"

——改编自《楚天都市报》文章。

问题:

在处境不同的人交往的时候,不尊重会导致什么后果?

总结:

案例中的事件以多名员工辞职而告终,令人感叹。处高位者不能认为自己高人一等,也不能蔑视别人;处低位者有权力为自己争取平等的地位,没有必要以自卑的心态来面对,要懂得自尊。

27.3.3 交流

按照最简单的结构,交流可以被描述为一个双向的过程:发送者向别人发送信息,然后接收者接受反馈。交流的过程如图27-2所示。

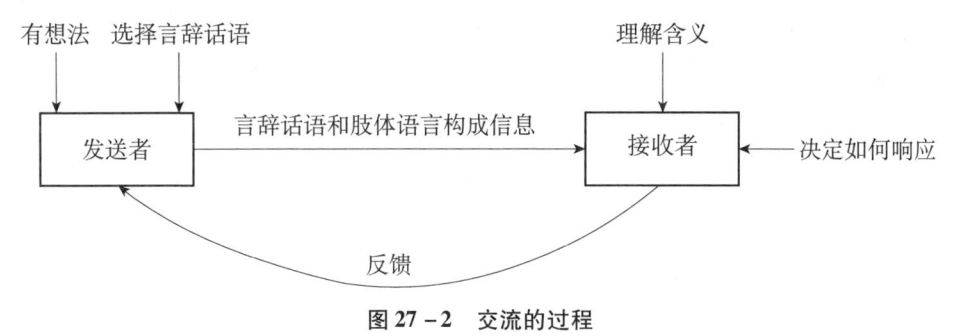

图 27-2 交流的过程

反馈可能只是简单地证实信息已经收到。然而,当发送者对接收者的回答做出反应时,交流进一步发展,并继续下去。在这个过程中,发送者和接收者会有很多信息需要交流,也可能会出现一些问题,你可以参看下面的案例与讨论来认识这些问题。

案例与讨论 老张的理解

老张在办公室工作了很多年。由于年龄大,技能不熟练,他的计算机操作水平不高，录入时一直用两个手指敲打键盘，效率很低。他一直抱怨手腕和肩膀疼痛，小谭告诉他应该去看看医生，还补充道："至少别让它影响你打字的速度。"

问题：
小谭的话可以有怎样的不同理解？会给人们交流造成影响吗？

总结：
小谭的话可以用以下不同的方式理解：
○ 讽刺；
○ 开玩笑，暗中带刺；
○ 开玩笑；
○ 有敌意地暗中表示对老张的绩效不满。

我们不能断定老张会怎样理解，因为有很多因素会影响他理解这句话。图27-3分析了这些因素。

```
                    老张的敏感度
                        ⇩
小谭的面部表情  ⇒                   过去进行的与老张
小谭的语调      ⇒   小谭和老张   ⇐   的打字有关的谈话
                        ⇧
                老张对小谭态度的理解
```

图27-3 理解分析

小谭说话经常不经思考。后来，她通过反省意识到虽然自己只是想开个玩笑，但是，这容易使老张产生各种不同的想法。

这个案例说明了交流存在"雷区"时的情况。误解的情况可能远远超出我们的想象。我们没有时间去事先分析每个交流的内容——交流常常瞬间就完成了。

团队领导为了保证交流的方式可以使团队成员感到受尊重，首先，需要谨慎做出假设；其次，保证交流是双向的；再次，要显示出自己在注意倾听别人的诉说；最后，应用到实践。这些交流的技巧都需要在实践中锻炼。以下是交流技巧的具体解释。

1. 谨慎做出假设

在交流的过程中，团队领导需要做出各种假设。人们通常是用自己的主观判断，而并不是以事实为依据来采取行动。有些假设是安全的，也就是说它们正确的概率很高，而有些假设则需要检验。但往往在人们还没有意识到自己正在做假设时，问题就出现了。因

第 27 章　激励技巧

为，人们总是认为假设就是事实，也几乎没有考虑它们是否需要检验。人们通常会有以下表达：

"我从来没有想到会冒犯她。"

"我以为他知道，毕竟我们一直以这样的方式工作。"

"我没有想到他会有那样的反应，我只是想……"

没有严格的规定来决定一个假设是安全的还是需要先检验一下，因此，在说话之前做片刻的思考就显得非常重要。

2. 保证双向交流

人们常常误以为只要一个人说了话就表示已经有了交流。实际上，判断是否有了交流需要通过判断说话人说话之后是否获得对方的反馈来确认。有些反应可以表明交流是双向的，比如以下情况：

○ 有人以你说过的话为基础而发言；

○ 有人扼要重述你说过的主要观点；

○ 有人询问相关的问题或做出相关的评论。

每个人都有自己独特的洞察力，别人无法控制，所以其他人能够得到线索的途径就是这个人所说的话和所做的事情。有人认为别人能够自动填补一些差距，如自己实际表示的意思与想要表达的想法之间的差距。有时别人确实能做到这一点，特别是对自己很了解的人。然而，在这种情况下，信息不完整的可能性非常大，因为，其他人仅仅是靠他们的个人认识来进行判断。对于其他人来说，判断一个人的想法的依据是这个人所说的话和所做的事情，而不是他头脑中考虑的东西。

3. 注意倾听

对于某些人来说，倾听可能是显示重视的最好方法。同时不能认真倾听就是向对方发出一个信息——你并不重要。

然而，许多原因容易造成不能认真倾听，比如以下情况：

○ 没有时间；

○ 不感兴趣；

○ 太专注于自己的思考。

这时，团队领导就需要做到以下事情：

○ 抽出时间使自己能够坐下来倾听团队成员的想法；

○ 团队成员说话的时候，认真地倾听；

○ 有意识地记下谈话的内容。

倾听也是有技巧的，下面的步骤与方法就介绍了倾听的几种技巧。

步骤与方法　倾听的技巧

- 认真倾听对方说话的内容；
- 不要心烦意乱，如果有什么心烦的事情，先忘掉它；
- 通过提问或总结来检查自己是否理解；
- 通过提问来得到遗漏的信息；
- 使用提示和线索来获得对方没有说出来的信息；
- 学会听完对方所说的全部内容，经过思考后再下结论；
- 不要考虑自己的兴趣和利害关系。

4. 应用到实践

列出交流中要做什么和不做什么是很容易的，但是要把它们应用到实践中并非易事，说话的内容和说话的语调同样传达某种信息。

人们在发送信息的过程中要经历下面三步，如图 27-4 所示。

图 27-4　发送信息的过程

通过考虑以下因素，团队领导可以得到很多收获：
- 在说话之前，先考虑自己想传达的信息；
- 说完以后，考虑信息是如何被对方接收的。

并不是说每次交流时都必须这样做，只有遇到以下情况时才需要：
- 发送非常重要的信息；
- 自己已经发送了一条不想发送的信息；
- 没能发送自己想要发送的信息。

养成这种习惯有助于我们对自己讲过的内容留下印象，同时也有助于我们从一开始就得到正确的信息。

27.4　绩效激励

团队领导的职责之一就是管理团队的绩效，同时要确定自己的团队与组织内其他团队的努力方向是一致的。

团队领导要鼓励和检查团队成员的个人绩效，确保他们了解自己的贡献，这对整个组织的成功非常重要。团队领导要确保团队成员能够明确他们的目标与组织的目标相一致；最重要的是团队成员认可他们自己所获得的成功。

那么，团队领导如何通过激励来提高团队的工作绩效呢？这就需要团队领导记住并运

第27章 激励技巧

用期望理论。

团队成员知道，实现与绩效相联系的第一级结果（如工作目标的实现、项目的成功完成），可以为实现第二级结果（也就是满足自尊需求的奖励）铺平道路。因此，通常来说，每一个团队成员都需要有与绩效相联系的目标。

在这个阶段，团队成员应当清楚个人的成就如何有助于实现组织的成功，例如，对于达到客户服务标准的组织来说，做到了这一点其实也就是增加了商业机会，减少了客户投诉。

不论与绩效相联系的目标是否实现，团队领导都应当经常给出建设性的反馈。建设性的反馈有自身的特点。

步骤与方法　建设性反馈的特点

- 用好消息开始；
- 关注行为，不针对个人；
- 在事情发生之后立即或稍后给出反馈；
- 内容明确而不是含糊不清；
- 认可努力并作相关的赞扬；
- 办事公平；
- 了解其他人的观点；
- 如果有事情要改进，应按行动计划进行；
- 用鼓励和积极的评论结束。

如果目标已经达到，那么团队成员得到的非正式的第二级结果包括以下内容：

- 一句简单的"谢谢你"；
- 语言奖励，比如，"做得好"，如果是在正式场合公开地提到（比如团队汇报会议上）这些语言，诸如此类非正式的认可的效果将会得到强化；
- 更多地参与到解决问题和做出决策的活动中去；
- 一个象征性的奖励，比如休息时的小食品；
- 团队认可的奖励，比如评选"每月之星"；
- 额外的职责；
- 学习新技能的机会，或者完成新任务的机会；
- 功绩被记录在评价文件中，还可以获得奖金。

将取得的结果与取得这些结果的团队成员和具体情况联系起来具有非常重要的意义。这可以让团队成员知道自己的价值及重要性。比如，授予"金牌销售"称号，就是对团队成员的一种支持或者奖励。

一般而言，团队领导需要满足团队成员的期望。因为，如果不这样做，团队成员就会对投入的努力表示质疑。毕竟，很多团队成员会有这种心态：如果努力不能带来什么结果，那么就没有必要去努力了。

27.5 鼓励自我发展

鼓励自我发展就是帮助人们开发潜能。潜能得到开发，这将极大地满足自尊需求和自我实现需求等高层次的需求。因此，鼓励团队成员自我发展，能够促使团队成员为自己感到自豪，并激励他们将新的观点、技能和智慧带入团队中。

实现自我发展并不意味着总需要向前大步迈进，有时需要不断地积累。每天的生活都提供了各种机会，人们可以选择和利用这些机会来发展他们的看法、意见、知识和技能，当然人们也可能忽视这些机会。下面的训练与练习可以帮助你回顾在发展的道路上，你是否真正主动寻求过发展。

训练与练习　寻求发展

问题：

你最后一次采取如下行动是在什么时候？
○ 根据得到的新信息来改变对某事的看法；
○ 学习新的知识和技能；
○ 用不同的方式考虑问题；
○ 积极地寻求问题的答案；
○ 完成以前不能完成的事情。

总结：

学习和发展的决心可以归结为一种思想倾向，即人们能主动利用机会进行改善。它和没有兴趣向前发展的思想倾向正好相反。有些人永远对发展充满渴望，有些人则根本就忘记了发展能带来的好处。

如果团队领导积极地鼓励团队成员去寻求发展机会，那么团队领导会给他们传达什么样的信息呢？

团队领导正在传达的信息应该是重视团队成员。让团队成员意识到有人为了他们的发展而去花费时间和精力并做出努力，那么，团队成员就会感到自己受到了重视。通过感受到重视，团队成员除了自尊需求得到满足，还获得了很多额外的好处，比如，个人满足感和成就感。

在鼓励团队成员发展时，团队领导应该首先确定发展需求。根据下面两方面的比较，团队领导可以确定这些需求：
- 工作需要的技能和知识；
- 现有的技能和知识。

确定了发展需求后，团队领导需要思考发展的方法以及其他相关问题。下面的训练与练习帮助你思考如何发展。

训练与练习　思考如何发展

问题：
确定了发展的需求之后，该思考哪些东西来设计发展呢？

总结：
你应当关心以下内容：
- 方法：团队领导通常使用的发展方法。
(1) 授权；
(2) 指导；
(3) 参加培训课程。
- 机遇：在日常工作中会出现很多满足发展需求的机遇。
(1) 对错误进行分析，每个错误都需要总结经验教训；
(2) 实验新的技术和方法，然后检查它们是否更好；
(3) 保留记载团队成员所学知识的工作记录；
(4) 让团队成员参加到问题的解决过程中；
(5) 邀请团队成员观摩同伴的工作；
(6) 鼓励借调或工作轮换；
(7) 正式或非正式地审查发生的事情，并判断是否存在改进之处；
(8) 授予团队成员更多权力，让他们承担更多职责。
- 利益：授权的利益和成本利益。
(1) 对客户的需求更快地做出反应；
(2) 对客户的意见更快地做出反应；
(3) 团队成员会为自己感到更加自豪；
(4) 团队成员和客户之间的相互交往充满温暖和热情；
(5) 团队成员的思想可能成为各种想法的来源。
- 成本：培训带来的成本付出与收益比较。
(1) 在培训上投资更大，但回报能使客户更满意；

(2) 可能使服务水平降低或者使服务不协调，但是得到的利益远远超过损失；

(3) 团队成员可能会做出错误的决定，但是在早期可以通过工作程序来减少这些失误。

创造性的思考技巧可以为人们的日常工作活动的发展带来机会。在本章最后，基于前面对激励理论的理解和对激励技巧的掌握，通过下面的训练与练习，你可以提高团队成员在工作中的激励水平。

训练与练习　提高激励水平

问题：

仔细思考一下，为了提高团队成员在工作中的激励水平，你能做些什么？

总结：

本练习要求你联系自己的工作实际，思考如何提高团队成员的激励水平。你可以参考以下建议：

○ 检查自己的激励水平；
○ 重新评价你对团队成员的期望值；
○ 重新评价能表明你尊重他们的方式；
○ 变得更加值得信赖；
○ 更能信任或者提高他们的职责水平；
○ 改进你交流的方式；
○ 鼓励团队成员发展；
○ 为团队成员提供发展机会。

本章小结

激励是一种内在动力，想要提高这种内在动力，就需要团队领导提高自己的激励技巧。我们可以从树立榜样、检查期望、创造支持型团队环境、绩效激励、鼓励自我发展这五大维度展开，重点掌握"X 理论"和"Y 理论"，并且在交流的过程与技巧上多努力，从而提高整个团队的激励水平。

思考与练习

1. 为了提高团队的激励水平，作为团队领导，在交流过程中你应该做些什么？
2. 简述"X 理论"和"Y 理论"。请思考你在实际工作中应用的是其中的哪一种理论。

第 28 章　全方位激励

学习目标
1. 掌握组织文化的内容；
2. 重点掌握提高激励水平的方法；
3. 重点掌握处理不满的方法；
4. 重点掌握解决文化冲突的方法。

学习指南
在前面的章节中，我们讨论的重点是团队领导及其行为与团队激励的关系。很明显，激励水平并非全部由团队领导来决定，组织的特性、工作方式和工作本身都会影响激励水平。但无论如何，总有一些因素会造成团队成员的不满，使团队成员失去工作动力。因此，团队领导要处理这些方面的问题，并减少它们对团队激励造成的影响。本章将研究其他影响激励的因素。

关键术语
工作激励水平　处理不满的方法　薪酬和激励　工作条件与激励　组织文化与激励

28.1　工作本身与激励

28.1.1　影响激励的因素

不同的团队负责完成不同的具体工作。即使团队的工作内容有可能发生变化，其目的也是要满足组织的需求。无论如何，工作本身对激励水平有很大的影响。

工作中影响激励水平的因素有以下几方面。

1. 团队成员对工作的兴趣

虽然有的团队成员愿意在工作上花费很多时间，但是，这并不意味着工作本身在激励着他们，可能是他们对其中某项特定的任务很感兴趣。因此，提高激励水平的关键在于从事这项工作的团队成员到底是怎么想的。

2. 工作的多样性

一般情况下,工作种类的增多能够提高激励水平。然而,团队领导需要注意从事这项工作的团队成员是否认同这样的观点。

3. 他人的认可

无论团队成员对自己的工作有什么样的认识,只有当其他人知道他们在做什么,并且认可这些工作的价值时,他们才能被激励。

4. 工作的重要性

工作非常重要,否则一个组织不会投入人力、财力、物力来完成这些工作。提高激励水平的关键在于团队成员能感觉到自己的工作对组织的重要性。团队成员越能认识到工作的重要性,其激励水平也就越高。

5. 完成工作的方法

如果团队成员认可自己的工作,而且可以用自己的方式去完成它,那么他们受到的激励就会非常大。

6. 工作中的改进

在按自己的方式完成一项工作时,团队成员可能会发现有更好的方法来完成它。但是,如果没有人愿意听从并采用这种更好的方法的话,这可能会令他们泄气。

下面的评测与评估可以帮助你了解自己的工作是否能够激励团队成员。

评测与评估　　工作激励水平评估

指导:

在你的团队中挑选五个团队成员,针对每个团队成员的情况回答下面的问题,完成表28-1。

表28-1　团队成员在工作中得到的激励

问　题	团队成员 A	团队成员 B	团队成员 C	团队成员 D	团队成员 E
工作本身吸引他吗?	□是 □少许 □不	□是 □少许 □不	□是 □少许 □不	□是 □少许 □不	□是 □少许 □不
他的工作有多样性吗?	□是 □少许 □不	□是 □少许 □不	□是 □少许 □不	□是 □少许 □不	□是 □少许 □不

续表

问　题	团队成员 A	团队成员 B	团队成员 C	团队成员 D	团队成员 E
他的工作能被其他人认可吗？	□是 □少许 □不	□是 □少许 □不	□是 □少许 □不	□是 □少许 □不	□是 □少许 □不
他能认识到自己的工作对组织的重要性吗？	□是 □少许 □不	□是 □少许 □不	□是 □少许 □不	□是 □少许 □不	□是 □少许 □不
他能够以适合自己和组织的方法来完成工作吗？	□是 □少许 □不	□是 □少许 □不	□是 □少许 □不	□是 □少许 □不	□是 □少许 □不
他能够对工作做出改进或者提出建议吗？	□是 □少许 □不	□是 □少许 □不	□是 □少许 □不	□是 □少许 □不	□是 □少许 □不

总结：

对每个团队成员来说，如果对大多数问题的回答是"不"或者"少许"，那么他的工作应当是缺乏激励的。

28.1.2　提高激励水平的方法

了解团队成员对自己工作的想法后，团队领导可以通过对团队成员的工作进行调整来提高激励水平。有三种重要的方法能够提高激励水平。

步骤与方法　提高激励水平的方法

1. 工作扩展

工作扩展就是通过增加工作范围和任务种类来扩展工作。让一个团队成员完成的工作种类越多、范围越大，他受到的激励也就越大。如果团队成员的工作只是一些乏味的日常事务，那么他很难体验到成就感。

采用工作扩展的方法，团队领导应当确定一个工作能力处于中等水平的团队成员能够而且愿意完成额外增加的工作任务，否则，工作扩展将无法提高团队成员的激励水平。因为，通常团队成员并不喜欢工作扩展，他们不仅可能认为工作扩展是组织想利用较少的人力完成更多的工作，而且可能发现工作扩展对激励自己并没有什么作用。

2. 工作轮换

工作轮换是一种在团队中分配工作的简单方法。一般而言，它能确保每一个团队成员得到公平的工作份额。无论是最有趣的工作还是相对乏味的工作，都能被分配到每一个团队成员。当然，只有在团队成员都能够有效地完成每个任务的前提下，工作轮换提高激励水平才成为可能。这种方法在一定条件下也可能减少激励，比如，团队成员完不成特定任务就不会受到激励。请看下面的案例与讨论。

案例与讨论　工作轮换

> 某供电公司调研发现，公司内存在员工参与积极性不高、制度可执行性差、预期质量效果难以达到等问题。随后，该供电公司提出施行轮岗管控模式。根据公司内部环境和外部环境的分析结果，该供电公司制定了短期调整战略和中长期强化竞争战略。结合战略选择，该供电公司分别制定相应的轮岗策略，以及具体轮岗管控制度。这些策略和制度的重点是关键岗位轮换制度和轮岗绩效考核制度。
>
> 经过几个月的岗位轮换，员工的积极性有了很大的提升，大家的工作效率和质量也有所提高，生产效益增加了很多。
>
> **问题：**
> 在以上案例中，工作轮换起到了什么作用？
>
> **总结：**
> 工作转换使团队成员体验到了工作的多样性，克服了工作中的单调与乏味，调动了自己的工作积极性，提高了工作效率的同时也提高了产品质量。

3. 工作充实

努力充实团队成员的工作可能是最有效的激励方法。假如团队成员的需求层次中的低层次需求被满足了，工作充实就可以使他们的社会需求、自尊需求和自我实现需求得到满足。为了使团队成员的工作充实，团队领导需要做到以下内容：

○ 给予团队成员更多的控制权来计划他们的工作；
○ 给予团队成员一个完整的任务；
○ 使工作与团队成员的能力、专门技术和培训相符；

○ 与依赖于团队成员工作的人进行接触。

就像工作扩展和工作轮换一样，工作充实也有优势和潜在的问题。其中，最大的困难可能是有些例行事务类的工作不容易得到充实。如果只有少数人的工作得到了充实，就表示工作充实可能还存在很多困难。通过下面的训练与练习，你可以进一步了解如何使工作变得充实。

训练与练习　工作充实

问题：
思考在工作中你是如何感受到工作充实的？它如何影响你的激励水平？

总结：
你可能在工作中经历了很多与以下类似的情况：
○ 团队领导要求你在月底之前对某个任务做出计划，然后让你全权负责这个任务；
○ 团队领导问你是否想接一个新的任务，这个新任务中包括很多额外培训；
○ 与客户进行交谈；
○ 你被要求加入一个正在计划将来工作的小组，成为其成员；
○ 团队领导给你下达了一个清楚的、具有挑战性的并且可以实现的目标，经过一段时间以后告诉你，你已经实现了这些目标。

遇到这些情况时，人们可能会感觉：虽然开始压力很大，但是，经过一段时间的努力，这些情况可以充实自己的工作，提高自己的激励水平。

28.2　工作条件与激励

28.2.1　薪酬和激励

薪酬是产生激励的一个非常重要的因素，但是除了薪酬，还有很多因素也能激励团队成员。

一次调查发现，只有 1/3 的被调查者认为薪酬是最重要的，而更多的被调查者不愿意用自由的时间去换取更高的薪酬，去从事使人筋疲力尽的工作。

根据赫茨伯格的理论，工作中的薪酬不合理会让团队成员产生不满。其他的因素要通过一定的方式来激励团队成员，而不满会使激励团队成员的这种方式受到阻碍。如果薪酬问题正在造成团队成员的不满，团队领导认识到薪酬不公，可以做的事情是确认整个待遇——包括薪金结构、附加福利（如有补贴的食堂、养老金等），告知团队成员全部福利的内容，并做到以下几点：

○ 理解团队成员的不满；
○ 就问题与团队成员进行交流；
○ 保证团队成员能及时知道事情的进展；
○ 控制最能产生影响的方面。

28.2.2 工作环境与激励

造成团队成员不满的工作环境可能包括以下方面：
○ 太冷或太热；
○ 通风条件恶劣；
○ 卫生状况不好；
○ 不关注健康和安全，如噪声太大、照明不好；
○ 福利设施糟糕，如休息场所条件不好；
○ 工作的空间太小；
○ 工具和设备不充足。

如果团队成员在工作条件方面有不满意见，通常来说，解决方法是团队领导将团队成员的意见提供给主管经理，同时，采取一些行动来直接减轻团队成员的不满。团队领导可以参照下面的案例与讨论了解如何处理不满。

案例与讨论　来自张经理部门的不满

张经理部门的工作环境噪声很大，但是团队成员不想戴听力保护器，他们说戴上听力保护器会感觉不舒服。张经理决定采取以下两个行动：
○ 告诉他的上级听力保护器并不受欢迎；
○ 通过以下方式向他的团队成员说明自己关心他们的健康：
(1) 解释戴听力保护装置的必要性；
(2) 在有噪声的环境中，他自己总是戴上听力保护器；
(3) 调查研究是否有更舒服的听力保护器，并将他的发现反馈给团队成员；
(4) 及时将与主管经理的讨论结果告知团队成员。

问题：
在你的工作中是否会出现类似抱怨？如果出现，你会如何处理？

总结：
如果在工作中出现了类似抱怨，一方面你有责任进行协调，另一方面你需要强调某些规定是为了保护团队成员自身的利益。

来自团队成员的不满情绪要及时处理，否则会严重影响工作的进展。下面是一些处理不满的方法。

步骤与方法　处理不满的方法

- 最重要的是注意倾听。
- 如果不满的情绪很明显，就需要对情况进行解释并且澄清所有误解。
- 仔细考虑是否可以在工作范围内采取行动来减少不满。
- 如果事情不能解决，可以采取以下措施：
  （1）把团队成员的意见反映给上级主管；
  （2）请求得到答复并且让团队成员了解答复情况。
- 努力建立和谐的团队关系。

28.3　组织文化与激励

每一个组织都有自己的文化，当然仅从组织的外部观察是看不出组织文化的。只有走进组织并花费一定的时间，才能了解并感受到组织文化。有关组织文化的内容可以参见上册"第16章 组织文化"的内容。

组织文化涉及很多方面的内容：
- 团队成员穿着打扮的方式；
- 阶层的层级；
- 团队成员是否很容易发表意见；
- 团队成员被提拔的条件（如资历与能力）；
- 政策和程序；
- 工作角色之间的界限；
- 被授予权力的团队成员是怎样的人。

不同的团队成员会喜欢不同的组织文化，关于这一点可以参考下面的案例与讨论。

案例与讨论　小吉的烦恼

> 小吉以前是一个律师事务所的总机话务员，她习惯明确定义自己的角色和职责。她认为自己适合这个工作，知道别人如何期待她的工作表现。搬到另一个城市后，她在一个话务中心找到了工作。她不喜欢这个新的组织，抱怨不能很好地适应这里的工作。

> 她觉得自己承担的职责很少，仅是按照要求作为团队的一名成员在工作。这里似乎没有明确的规定，来告诉团队成员可以做什么和不可以做什么，团队会议对所有的人来说都非常自由，任何人都可以说他们想说的事情。她认为这份工作不适合自己，并正在考虑离开这里。话务中心的其他人则认为这是一个适合他们的工作场所。
>
> 问题：
> 为什么小吉与其他团队成员的感受不同？
>
> 总结：
> 只有找到相适应的组织文化，团队成员工作起来才可能不会受到个性和兴趣的影响。

因为，通常来说，每个人的文化背景不同，所以，在组织内部会发生组织文化和团队成员的个性相冲突的情况。那么，在这种情况下团队领导应该怎么做呢？

步骤与方法　解决文化冲突的方法

当组织文化和团队成员的个性发生冲突时，团队领导应该做到以下几点：
- 注重倾听；
- 强调组织文化的重要性；
- 确定团队有支持型的环境；
- 将团队成员的情况反映给上级主管。

了解解决文化冲突的方法后，下面的训练与练习可以帮助你了解团队的满意水平。

训练与练习　团队的满意水平

问题：

1. 在你的团队中有哪些情况会使团队成员不满意？根据团队成员非正式的发言内容和你的观察进行总结。

2. 你认为什么因素对团队激励有影响？

3. 现在，走到你的团队成员中间询问他们是否感到满意。你可能更喜欢逐个询问或者在团队会议上询问，你也可以准备一个简要的调查表向你的团队成员进行询问。

思考你的工作，然后参照表28-2评估一下你对自己工作的满意程度。

表 28-2 你对自己的工作是否满意

问题 \ 态度	非常不满意　　　　　　　　　　　　　　　非常满意 0　1　2　3　4　5　6　7　8　9　10
工作本身	
组织中的管理	
发展和进步的各种机会	
交流	
工作环境	
薪酬和利益	
你所在的团队	

重新考虑你对本练习开始所提问题的回答,团队成员给你的反馈能确认你的观点吗?

总结:

调查团队成员在各个方面是否满意,然后针对不满意因素做出改进,以使团队成员获得较大的激励。

本章小结

激励团队员工有三种基本方式,分别是工作本身的激励、薪酬和工作环境方面的激励,以及组织文化的激励。从这三种角度出发,我们需要重点掌握如何提高激励水平,如何解决团队成员的不满,以及如何解决文化冲突,从而使团队成员得到激励。

思考与练习

1. 有哪些提高人们的激励水平的方法?
2. 如果员工对工作不满,你应该如何处理?
3. 从哪些方面可以感受到一个组织的文化?
4. 解决文化冲突的方法都有哪些?

实践与实训

指导：
首先，复习总结你在本单元所学到的知识，考虑如何提高你的团队激励水平，回答下面的问题：
○ 怎样才能增加激励水平？
○ 作为团队领导，你怎样才能够使人们在工作中受到激励？
○ 在组织中，其他可能妨碍激励水平提高或者造成团队成员不满的因素有哪些？

其次，使用你在前面的练习中的回答，填写行动计划表。

行动计划表

确定三个你计划采取的行动	解释原因	你将怎样实现和测量每个行动的有效性，对此做出一个计划

最后，根据上表和对本章的复习总结，回答下列问题：
○ 什么事情能激励你？
○ 你能做什么来增加那些能产生激励的事情？
○ 对于造成你不满的那些因素，你能做什么来减少它们造成的影响？

总结：
通过这个练习，你能够对自己及团队的激励水平有更清晰的认识，并能够确定合适的方案与行动。

单 元 测 试

一、单选题

1. 公司的几个青年大学生在讨论明年报考 MBA 的事情。大家最关心的是英语考试的难度,据说明年只接收英语合格的人,英语考试难度将会有很大提高。根据期望理论,以下四人中(　　)向公司提出报考的可能性最大。

    A. 小郑(大学学的是日语,两年前来公司,之后才跟着视频初级班业余学了一些英语)

    B. 小齐(英语不错,本科就学管理。他妻子年底就要分娩,家中又无老人可依靠,也没有额外资金聘请保姆)

    C. 小吴(是大家公认的"高材生",英语好,数学强,知识面广,渴望深造,又没家庭负担)

    D. 小冯(素来冷静多思,不做没把握的事。公司里想报考的人很多,领导最多只能批准一人,而自己与领导关系不好,刚吵过架,觉得领导应该不会推荐自己)

2. 小新所在公司的车间噪声很大,照明和通风条件也很差,员工们很不满意,刘经理被公司派去解决这个问题,他最应该从(　　)方面下手解决这个问题。

    A. 工作条件　　B. 福利待遇　　C. 薪酬水平　　D. 组织文化

3. 小赵要主持召开一次由公司"智囊团"成员参加的会议,讨论公司发展战略的制定问题。在会上许多人的意见与他不同。他认为这些意见有失偏颇,偏颇的原因是发言者掌握的资料不全。对此,小赵的做法不合理的是(　　)。

    A. 视情况谈谈自己对一些重要问题的看法

    B. 清楚既然是智囊会议,就应畅所欲言

    C. 及时提供资料,证明这些意见有失偏颇

    D. 直接打断这些发言以发表自己的反对意见

4. 白总公司的员工对目前的工作条件很不满意,大家决定集体罢工,逼迫公司改善工作条件。白总召开紧急会议处理此事。处理员工不满的过程中,最重要的是(　　)。

    A. 及时向领导汇报情况　　　　　B. 置之不理

  C. 注意倾听   D. 惩办带头罢工者

  5. 小孙所在团队有严格的工作流程，并且全部无纸化操作，某一步出错就会影响到团队整体业绩。这体现了组织文化中的（　　）。

    A. 审美差异   B. 政策和程序

    C. 是否很容易发表意见   D. 阶层的层级

二、案例分析

  人类的需求促进了生产力的发展，满足员工的需求同样可以促进公司的发展。不同公司、不同领导者有自己独到的激励手法，而这些手法大多都与满足需求有关。

  美国著名成人教育家戴尔·卡内基（Dale Carnegie）曾写出享誉全球的名著，包括《人性的弱点》《人性的优点》《人性的光辉》等。他指出为人处世基本技巧的第一条就是"不要过分批评、指责和抱怨"，第二条是"表现真诚的赞扬和欣赏"。

  美国IBM公司（International Business Machines Corporation，国际商业机器公司）有一个"百分之百俱乐部"，当公司员工完成他的年度任务，他就被批准为该俱乐部会员，他和他的家人被邀请参加隆重的集会。结果，大部分公司的雇员将获得"百分之百俱乐部"会员资格作为第一目标，想要获取那份光荣和满足。

  对于员工不要太吝啬一些名号、头衔，这些名号、头衔可以换来员工的认可感，从而激励起员工的斗志。日本某电气公司在一部分管理职务中实行"自由职衔制"，就是说员工可以自由加职衔，取消"代部长""代理""准"等一般管理职务中的辅助头衔，代之以"项目专任部长""产品经理"等与业务内容相关的、可以自由增加的头衔。

  根据以上案例，回答以下各题。

  1. 根据需求层次理论，人的行为决定于（　　）。

    A. 物质基础   B. 激励程度   C. 精神状态   D. 主导需求

  2. 根据需求层次理论，"表现真诚的赞扬和欣赏"主要是满足了人们（　　）的需求。

    A. 安全   B. 自尊   C. 期望   D. 精神

  3. 美国IBM公司的大部分雇员将获得"百分之百俱乐部"会员资格作为第一目标，以获取那份满足。这种现象体现了雇员想要满足（　　）的需求。

    A. 自我实现   B. 归属感   C. 尊严   D. 社会

  4. 关于需求层次理论，说法正确的是（　　）。

A. 人只有在低层次的需求获得满足以后，才有更高层次的需求

B. 人的需求可以不按照马斯洛的需要层次理论一级一级地逐步满足

C. 人不需要获得生理需求的满足

D. 人的生理需求是最重要的

5. 提高员工的激励水平有助于调动员工的工作积极性，提高激励水平的方法不包括（ ）。

    A. 工作扩展   B. 工作轮换   C. 工作充实   D. 工作复杂化

扫描二维码，查看参考答案

第 X 单元　　团队领导

　　成为领导者是一个绝佳的际遇，它给了你影响他人的机会。你可以用最好的品质为员工树立榜样并领导他们；你可以利用自己的能力（如沟通能力、协调能力、授权能力）开展好工作，并进一步提高这些能力；你要学会在各种情况下选择一个适当的方法处理工作中出现的问题。你会对下属产生影响，你自己也要全力以赴。

　　一个真正的领导者拥有特立独行的自信、当机立断的勇气、聆听他人的耐心。他不会宣称自己是领导者，他的地位是通过高尚的品德和正大光明的行动获得的。

　　你可能会说："你说的这些当然很好，但是，我该从何处着手呢？别人对我有什么期待？我应该言行果决还是像以前那样好说好商量？如果他们在工作上比我懂得多，我该怎么办？"

　　本单元不仅会帮助你寻找到以上问题的答案，而且会帮助你树立信心，明确其他更多的问题。它会引导你了解一些关于领导者的角色、能力、品质和任务的内容。虽然有些方面的内容你可能已经很熟悉了，但是，还有一些内容需要你继续学习。用开放的眼光来看待它们，看看它们是否适合你，并寻找对你有效的方式，你将会发现自己正在给团队（也包括你自己）带来变化。

团队领导

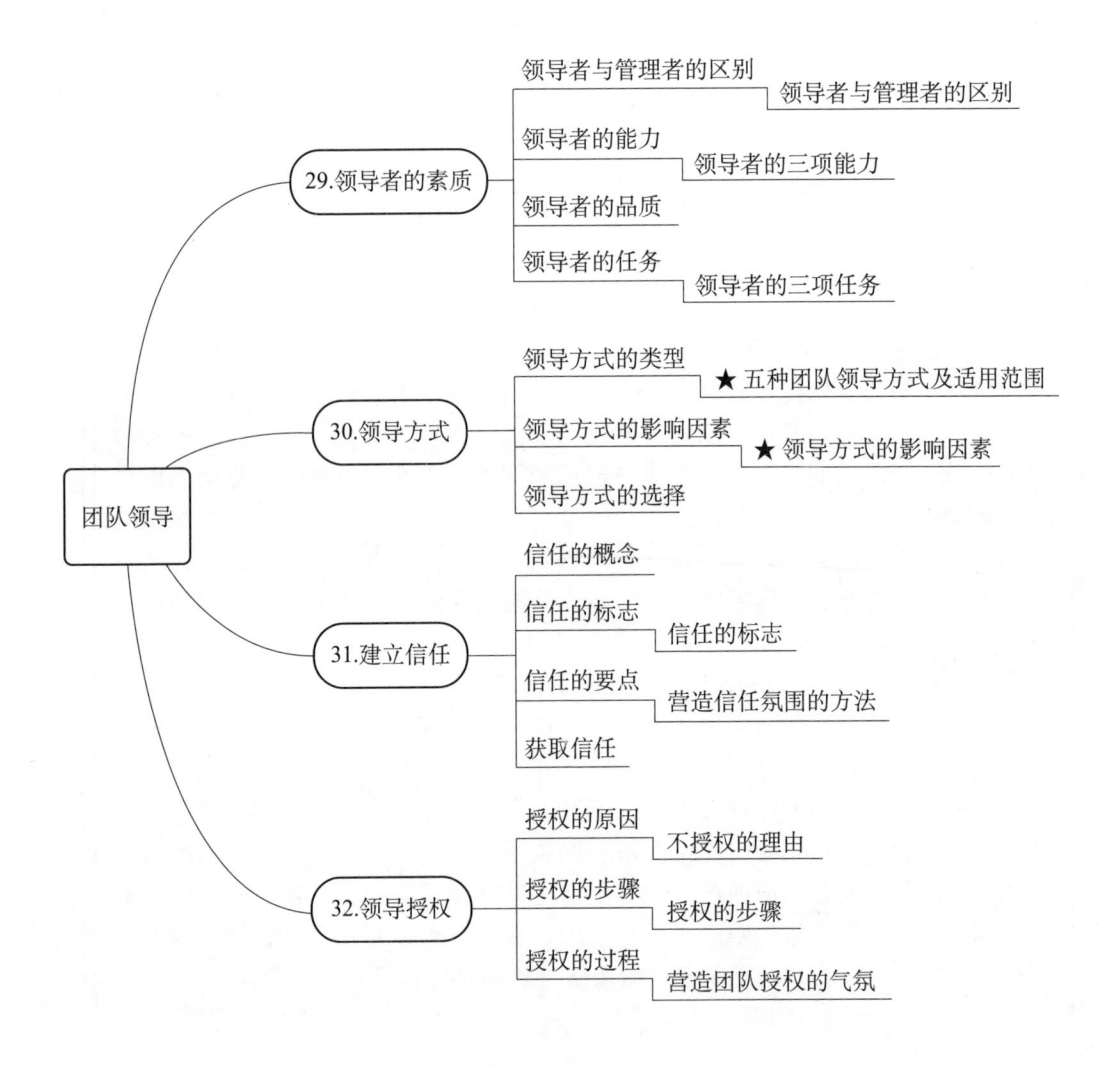

- **29. 领导者的素质**
  - 领导者与管理者的区别 — 领导者与管理者的区别
  - 领导者的能力 — 领导者的三项能力
  - 领导者的品质
  - 领导者的任务 — 领导者的三项任务

- **30. 领导方式**
  - 领导方式的类型 — ★五种团队领导方式及适用范围
  - 领导方式的影响因素 — ★领导方式的影响因素
  - 领导方式的选择

- **31. 建立信任**
  - 信任的概念
  - 信任的标志 — 信任的标志
  - 信任的要点 — 营造信任氛围的方法
  - 获取信任

- **32. 领导授权**
  - 授权的原因 — 不授权的理由
  - 授权的步骤 — 授权的步骤
  - 授权的过程 — 营造团队授权的气氛

★代表本部分是案例重点考核内容。

扫描二维码，学习本单元概况

第 29 章　领导者的素质

学习目标
1. 了解领导者与管理者的区别；
2. 了解领导者应该具备的品质；
3. 掌握领导者应该具备的能力；
4. 掌握领导者在团队中的角色；
5. 重点掌握领导者的各项任务。

学习指南

美国第 34 任总统德怀特·艾森豪威尔（Dwight Eisenhower）认为，领导是一门艺术，领导是让别人心甘情愿地去做你想要做的事情。

一个人要想成为优秀的领导者，需要具备各种各样的能力和品质，其中，很多能力是可以通过学习来掌握的。毫无疑问，领导者已经具备了某些能力，只是他们自身可能还没有意识到这些就是领导能力。本章将帮助大家确认自己已经具备了什么样的领导者的能力，还需要补充和学习哪些其他能力。

关键术语

领导者与管理者　领导者的能力　领导者的品质　领导者的任务

29.1　领导者与管理者的区别

马修·朱驰特（Matthew Jeuchter）认为，领导才能几乎都是情感、智能上的事，领导才能尤其体现在区分领导者和管理者时，比如，在表明立场、与其他人共同追求目标的时候。

有人可能会认为领导者的角色与管理者非常相似，这种想法在某些方面是正确的。但是这两者之间存在一个关键的区别，这种区别使领导者的角色比管理者的角色更具挑战性。

领导者往往比被管理者的职位高，这就意味着他有发号施令的权力。管理者的主要目的是完成工作任务，他们注重的是任务计划和控制。而领导者的管辖范围不一定是要向他直接汇报工作的集体，在这种情况下，他不具备管理者所拥有的发号施令的权力。此时，领导者必须凭借自身的影响力和能力，使人们去做领导者自己想做的事情。因此，领导者与管理者的区别的焦点就在领导能力上。

当然，上面说的两者之间的区别，只是两者众多区别中的一方面。好的管理者需要把领导的艺术运用到他们的角色之中。影响别人主动去做比命令别人去做的效果要强很多。当然，领导者也必须对团队的工作进行管理，他们不得不设定目标、计划工作。两者的区别在于两者工作的侧重点的不同。领导者与管理者的区别如表 29 – 1 所示。

表 29 – 1　领导者和管理者的区别

领导者	管理者
确定愿景及实现愿景的策略	准备具体的计划和预算
通过交流向人们展示变革的美好前景，并使他们紧跟变革的步伐	组织实施计划
激励和鼓舞	监控变革、识别计划执行过程中的偏差、解决问题

要进行变革，领导者就需要具备更高的领导才能，同时也要勇于冒险。

29.2　领导者的能力

既然已经确定了领导者需要扮演的一系列角色，就不难理解他们需要具备广泛的能力。领导者应该具备以下三方面的能力：
- 个人能力，如成就、自信和承诺；
- 社会能力，如影响力、政治觉悟和设身处地为他人着想的能力；
- 思维能力，如统揽全局、战略思考、辨析局势、放眼未来的能力。

我们可以通过领导者的行为判断他们所具备的能力。下面案例与讨论说明了这一点。

案例与讨论　西尔斯公司领导者的能力

西尔斯（Sears and Roebuck）公司受经济危机影响，陷入了困境。在这重要关头，特林担任了西尔斯公司的董事长兼总经理。

特林上任后的第一件事，就是对公司进行大刀阔斧的整顿。他大胆地提拔那些比较年轻、有开创精神、不怕风险的人。与此同时，特林坚决地把经营不善的商店和子公司关闭或者变卖。经过整顿，公司运作更加高效。

特林深知，客户的信任是企业成功的关键。因此，他提出了一系列争取客户信任的措施。为了及时准确地了解客户的需求，西尔斯公司设立了美国规模最大的居民需求调研部。为了确保商品质量，西尔斯公司派工程师和技术人员对商品进行检验。西尔斯公司重申"包您满意，否则原价退款"的口号，并增添了新的内容：不与客户争论，收回因任何原因退回来的商品。此举为西尔斯公司赢得了用金钱买不到的良好声誉。

特林在公司的经营上还提出一个响亮的口号："跟上时代，着眼未来。"他投资17亿美元对600家商店进行装修改建，努力扩大经营范围，使公司向多元化经营的方向发展。他大胆地介入金融服务业，还成立了"西尔斯通信网公司"。经过特林几年的苦心经营，西尔斯公司冲出了困境，重展雄姿。

问题：
以上案例中，西尔斯公司的领导者具备哪些能力？

总结：
西尔斯公司的领导者具备的能力主要包括以下几点：
- 授权能力；
- 领导变革的能力；
- 有主动性和紧迫感；
- 领导团队的能力；
- 双向沟通的能力；
- 重视多样性的能力；
- 培养员工的能力；
- 具有一定的知识和修养；
- 解决问题的能力。

29.3 领导者的品质

有许多品质有助于领导他人。贝弗利·皮尔逊（Beverley Pearson）认为，一个优秀领导者的特征是：好奇、设身处地为他人着想、拥有知识和勇气。

以身作则是领导者的基本品质之一。这就像让孩子按照一种方式行事，家长以身作则是最好的方法一样。能够做出清楚的远景规划是领导者必须具备的又一基本品质。只有知道了未来的规划，领导者才能激励别人。领导者还要做好冒险的准备。工作中会有不可预测的事情发生，如果一味按照固定的模式行事，就会落入俗套、墨守成规。下面的案例与讨论有助于你思考优秀的领导者应该具备哪些品质。

案例与讨论　张瑞敏的领导方式

　　海尔集团（以下简称海尔）公布一则处理决定：质检员范某由于责任心不强，选择开关插头插错并漏检，被罚款50元。张瑞敏敏锐地意识到范某漏检所揭示出的哲学命题：偶然当中蕴含着必然。最后，分管质量的负责人和他自己分别罚款300元。

　　海尔有一个运转体系，专门帮助职工及时解决生活上的实际困难。公司组织了自救自助形式的救援队，员工人手一册《排忧解难本》，如有困难，只要填一张卡或打一个电话，排忧解难小组会随时派人解决。

　　海尔发展前期，主要处于产品出口阶段，即国际化的初级阶段；后来海尔在国外投资建厂，实现了从产品出口向本土化经营的转变；海尔在美国投资建厂，全力打造海尔世界品牌。张瑞敏抓住了这个黄金时间，不怕风险大胆出手，使海尔走出国门，成为具有世界影响力的品牌。

　　张瑞敏认为，企业领导者的主要任务不是去发现人才，而是去建立一个可以出人才的机制，并使这个机制健康持久的运行。这种人才机制可以给每个人相同的竞争机会，把静态变为动态，把相马变为赛马，充分挖掘每个人的潜质，并且使每个层次的人才接受监督，让压力与动力并存。

　　——资料改编自：迟双明. 激活休克鱼：感动中国的张瑞敏与海尔文化 [M]. 北京：中国言实出版社，2003.

问题：
张瑞敏具备哪些优秀的品质？你在工作中应该如何培养这些品质？

总结：
团队成员会将团队领导看成榜样，因此，团队领导必须具备并表现出一些优良的品质。一方面，团队领导必须有自己的远见卓识，并知道自己的团队要干什么，这样团队成员才可以在正确指引下做好工作。另一方面，团队领导必须能够在某些时候承担风险。因为，环境和外界条件在不断变化，如果瞻前顾后，一定会错失良机。

　　建立自信非常重要。同样，满腔热情、精力充沛，以及充满创造力是领导者必须具备的品质。一般来说，团队成员会模仿的团队领导的品质如下：
- 诚实公正；
- 勇于接受批评；
- 勇于承认错误；

○ 根据情境调整行为。

当然，并不是所有领导者都需要具备这些品质，即使具备了这些品质，也不能保证其就能成为一个好的领导者。

训练与练习　领导品质

问题：

回忆一位你敬佩的领导者，记录下他拥有的领导品质。培养其中哪两个品质对你是最有帮助的？

总结：

尽管领导者应该具备的品质有很多，但是，你需要思考哪些对你来说是最重要的，并有意识地培养这些品质。

关于领导者的品质，美国著名管理专家吉姆·柯林斯（Jim Collins）提出的"五级领导者"（level 5 leadership）这一理念也有涉及。"五级领导者"并不是说领导者分为五级，而是说要通过五个级别，才能达到领导者的最高境界。第一级是能力强的个人，第二级是团队贡献者，第三级是能力强的经理人，第四级是有效力的领导者。在第四级之上，再加上"极端的谦卑"和"强大的决心"，那才是第五级领导者。第五级领导者所依据的理论思想就是：一个品行无私、尊重下属且具有顽强意志的领导者，必能带领同仁勇往直前，实现最佳的组织绩效。第五级领导者是谦逊的个性（personal humility）与强烈的专业意志（professional will）的综合体，强调领导者品质的重要性。

29.4　领导者的任务

为了能够更详细地了解领导者的任务，我们需要把领导工作细分为以下几项职能：设定目标、分派工作、主持会议、培训员工。下面的训练与练习要求你结合领导者的工作，思考在实际工作中领导者扮演的角色。

训练与练习　领导者扮演的角色

问题：

你的领导角色是怎样的？你需要行使什么职能？

总结：

下面是专家学者们经常讨论的一些领导角色：

○ 计划工作；

- 培养团队成员；
- 在工作上给团队成员以支持；
- 向高级管理层介绍团队的情况；
- 向团队成员下达工作指令；
- 激励团队成员工作；
- 进行工作授权；
- 与其他团队共事；
- 向团队成员传达高级管理者的信息；
- 设定目标并赋予团队成员责任感；
- 使团队成员充满热情；
- 建设团队；
- 通过变革来帮助团队成员工作；
- 审查工作并从错误中吸取教训；
- 设想团队的远景目标；
- 做出重大决策。

下面你可以结合自己的领导角色对自己已经具备的能力进行评估，并思考应该采取什么方法学习和提高自己其他方面的能力。

评测与评估　评估领导角色

指导：

第一部分：回顾你的角色。
- 在表29-2的第一列填入你已经扮演的领导角色；
- 在表格的第二列填入你觉得可以扮演的其他角色。

表29-2　角色的回顾

已经扮演的领导角色	可以扮演的其他角色

第29章 领导者的素质

第二部分：评价你的品质和能力。

有时我们的自我评价会有所偏差。所以，向了解自己的人征求意见可以帮助自己进行正确的自我评价。先完成表29-3和表29-4，写下自己的第一想法；然后复制几份空白表格，让了解你的人填写表格。

表29-3 对领导者品质的评价

领导者品质包含的内容	是	否	不清楚
你是否能通过你的行为和工作为别人树立榜样？			
你的行为正直、诚实、公正吗？			
你自信吗？			
你善于交际吗？			
你喜欢承担责任吗？			
你能接受批评吗？			
你热情吗？			
你热心于工作吗？			
你乐于冒险吗？			
你勇于承认错误吗？			
你能根据情境调整行为吗？			
你精力充沛吗？			
你善于激励别人吗？			
你对你未来有长远的打算吗？			

表29-4 对领导者能力的评价

描述	强项	有待培养的能力	不清楚
角色：完成任务			
统揽全局			
设定目标			
统筹安排需要完成的任务			
建立监控机制			
对完成的工作进行评估并从中学习经验			
角色：建设团队			
控制你的情绪			
促进团队发展			

续表

描　　述	强项	有待培养的能力	不清楚
培养开放和信任的环境			
善于倾听			
使用不同类型的问题			
促成集体讨论			
给予诚实、持续的反馈			
向团队成员通报情况			
激励别人			
积极利用冲突			
适应变化			
提出想法			
做出决定			
解决问题			
与其他团队以及组织的其他部门协同工作			
角色：发展个人			
进行工作授权			
培训			
讨论			

第三部分：确定需要扮演的角色以及需要培养的品质和能力。

现在你已经对领导者的角色、品质和能力进行了思考，请在表29-5中记录：

○ 需要扮演的领导者角色；

○ 有助于你培养领导者角色的品质和能力。

表29-5　领导者的角色、品质和能力

需要扮演的领导者角色	需要培养的品质和能力

总结：

这个练习可以帮助你确定自己作为领导者应该扮演的角色、需要培养的品质和能力。学习完后面的章节，在单元的实践与实训中你可以再次系统地思考这些问题。

第29章 领导者的素质

在掌握领导者角色的基础上，需要重点掌握领导者的任务。这些不同的角色可以分为三个主要的方面，也就是图29-1中的三环领导力模型中展示的三个方面（完成任务、建设团队、发展个人），对应领导者的三项任务。关于三环领导力模型，相关内容见4.3.4"任务、团队和个人之间的平衡"介绍。

1. 完成任务

在开始工作之前，领导者需要明确如何使团队目标与组织的总体目标相适应，需要思考怎样使自己的团队与其他团队在工作中相互配合，不发生冲突。

完成任务的内容包括设定目标、制订工作计划、做出工作决策、建立进度控制机制、保留记录并评价各种工作方法以便做出进一步的改进。

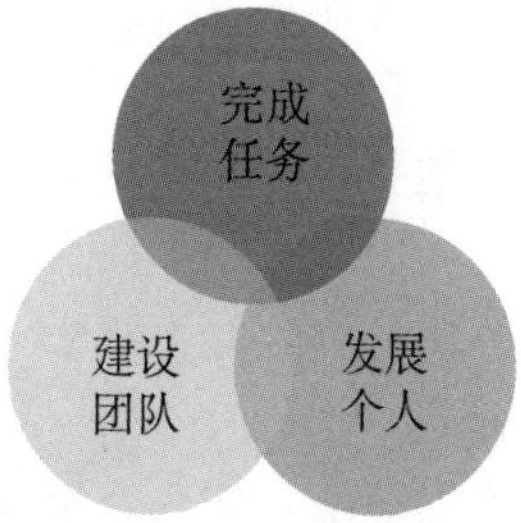

图29-1 三环领导力模型

2. 建设团队

人际交往能力在团队建设中是非常重要的。领导者应该能够帮助团队以成熟的方式进行运作、处理纠纷以及反馈信息。这意味着领导者需要在不同的情境下运用倾听和询问的技巧。一旦团队成员之间建立起互相信任、互相尊重的氛围，交流和沟通就会变得非常有效。

但是，团队成员之间的交流不可避免地会引起各种情绪和态度的冲突，比如，愤怒和傲慢。人们不得不自己想办法或与别人一起来解决这个问题。因此，领导者控制自己的情绪和态度并理解他人的情绪和态度就成了非常关键的能力。

领导者还需要帮助团队成员培养他们的能力，比如，提供想法、进行决定和解决问题的能力。激励团队成员并使他们愿意为集体做贡献也是很重要的。

领导需要面对的一个重要挑战就是将团队成员紧密地结合成一个整体，这涉及以下内容：

- 在团队中建立开放和信任的气氛；
- 培养一些扮演关键角色的人物，比如，出谋划策的人、敢于接受挑战的人；
- 帮助团队与团队之间进行建设性的会谈；
- 培养团队成员的创新意识，提高他们的决策能力。

虽然以上措施的进行需要时间，但是，随着团队的发展，团队的效率和创造力会远远超过团队成员个人的效率和创造力的简单相加。

3. 发展个人

在发展团队的同时，还要注意发展个人。领导者需要注意团队中的每一个成员，包括了解每一个成员的强项是什么，哪些地方需要提高，如何能促使他们提高，怎样可以提高他们的积极性，他们喜欢以何种方式学习，等等。发展个人的关键是要加强团队成员积极主动提高自我水平的能力。

如果赋予团队成员一些工作上的权力，他们就会更有责任感。

在团队成员承担新任务时，如果能够给他们提供培训，对于领导者和整个团队都是有益的。这会大大提高任务完成的可能性。

有时领导者可能会发现自己正在劝导团队成员，帮助他们走出个人的困境。这意味着领导者在帮助团队成员考虑各种意见、解决问题并让他们自己做出最佳决定。这需要具备诸如倾听、提问和反馈等沟通能力。

人们在工作中一直都在培养沟通交流的能力，但是，培养沟通交流能力的关键在于如何改进已有的能力并学习新的能力。像发展大多数的领导才能一样，这将是一个持续的过程。

以下是六句六个字到一个字的箴言，它们反映了领导者的境界。

步骤与方法　做好领导者的六句箴言

- 六个最重要的字——"我承认我错了。"
- 五个最重要的字——"我为你骄傲。"
- 四个最重要的字——"你看如何？"
- 三个最重要的字——"对不起。"
- 两个最重要的字——"谢谢。"
- 一个最不重要的字——"我。"

本章小结

个人能力、社会能力、思维能力，可以成就一个领导者，而保持诚实、灵活、勇敢，勇于面对错误，则是一个好的领导者必须具备的品质。带领团队完成任务，并建设团队，促进成员个人发展，这些则是领导者的任务。本章你需要掌握领导者的各方面特点，并区分领导者与管理者的不同。

思考与练习

1. 领导者与管理者有什么区别？
2. 领导者需要哪些品质和能力？你是如何测试自己的领导能力的？
3. 请思考一个领导者在工作中都有哪些任务。

第 30 章 领导方式

学习目标
1. 了解选择领导方式；
2. 掌握领导方式的影响因素；
3. 重点掌握领导方式的类型。

学习指南
如何能够将领导才能成功地表现出来？关键的问题就是领导者应该以何种方式行事，在什么情况下采取何种适合的领导方式，以及选择领导方式的影响因素有哪些。

本章将提供这些问题的答案，并说明在特殊情境下如何进行领导。

关键术语
领导方式的类型　领导方式的影响因素　领导方式的选择

30.1 领导方式的类型

30.1.1 选择领导方式的前提

优秀的领导者应该懂得灵活变通，在不同的情境下使用不同的领导方式。这需要领导者考虑三方面的问题：自身、下属、任务及环境。

1. 自身

个性、背景、知识和经验将影响领导者选择不同的领导方式。例如，有些人比较喜欢与团队成员进行协商，而不是去命令他们做什么。

2. 下属

团队的每个成员都有不同的能力、个性和工作动机，这些将影响领导者对领导方式的选择。例如，如果一个成员有能力并愿意承担某项工作，那么领导者选择协商的方式可能更合适；而当一个成员没有能力也不愿承担这项工作时，领导者就需要采用指导性、说服性的方式。

3. 任务及环境

任务本身对于领导方式的选择非常重要，其中，任务的性质以及时间尤其重要。具体环境中的许多方面也会对领导方式的选择产生影响。

30.1.2 不同的领导方式

通常，大家都有被不同类型的领导者领导的经历。

图30-1列举了领导者通常采取的五种典型的领导方式。在从指令型到参与型的过渡中，指令的内容越来越少。越向左端，决定权越多的掌握在领导者手中；越向右端，决定权就更多地掌握在团队成员手中。这当中没有绝对的好与不好，重要的是要找到一种适合当前情境的方式。

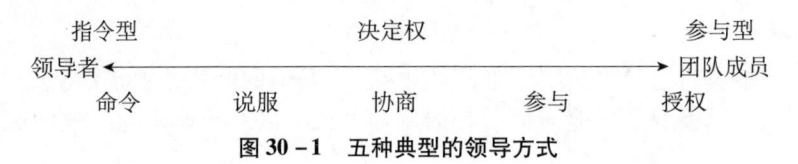

```
指令型              决定权              参与型
领导者 ◄─────────────────────────────► 团队成员
  命令     说服      协商      参与      授权
```

图30-1 五种典型的领导方式

步骤与方法　五种典型的领导方式

1. 命令

领导者有完全的控制权，命令下属去做什么并做出决定。例如："小贾，请你建立一个客户投诉日志，必须要使用下面的标题……"

2. 说服

领导者在下属有了某种想法或采取某种行动之前，首先说服他们接受。例如："小贾，为了提高我们的服务水平，我们要更多地考虑客户在说些什么。你能不能建立一个客户投诉日志？"

3. 协商

在做决定之前领导者与下属进行协商，并讨论下属提出的观点。例如："小贾，我觉得我们需要更好地了解客户在说些什么，你有什么想法吗？"

4. 参与

领导者与下属充分协商，共同做出决定，以使成员充分参与。例如："小贾，我们需要更多地掌握客户在想什么，我想听听你的意见，然后一起解决这个问题。"

5. 授权

领导者赋予下属职权，让他们做出决定、解决问题。例如："小贾，我们需要掌握客户的想法和意见。你能调查一下，并找出了解他们的想法和意见的最佳方式吗？"

第 30 章 领导方式

表 30-1 总结了每种领导方式所包含的内容及适用范围。

表 30-1 领导方式的内容及适用范围

领导方式	内容	适用范围
命令（强制或指令）	没有商量就告知他人要做什么	紧急情况/危机境遇 当你不得不强制实施上层的变革时
说服	指出这一想法的益处，希望得到别人的同意	向你的团队介绍变革的目的
协商	做决定前考虑他人的想法	了解人们对变革目标的反应 做决定前收集信息、听取意见 获得解决问题的办法
参与	与他人一起工作	适用于变革的任何阶段，例如，共同确定变革目标、计划和实施变革（可能用于持续性变革）
授权	把任务交给一个人或一个团队	在变革的过程中把任务分配给具备适当的技术、专业知识或支持变革的人，但是记住你要对最终结果负责

这些方式之间没有明显的界线。不同的人有不同的方式，谁也不可能轻易改变自己的方式。在不同的情境下大家所采用的方式可能有变化，但变化不会太大。具体的问题，需要由个人决定并选择最合适的领导方式。史蒂夫·莫里斯（Steve Morris）认为，选择领导方式的关键在于培养并使用适合你的领导方式——不要试图从别人那里生搬硬套。同时，要注意，最好不要太突然地改变领导风格。如果突然从命令别人做事转换为与他人协商，下属可能会猜测，自己是不是要被免职了？当然，如果是一个互相信任的团队，领导者可以就领导方式的改变向他们做出解释；但是，如果这个团队是新组建的，自己又是个新领导者，或者所处的工作背景产生了太多的变化，那么领导方式就不需要一次做出太大的改变。

下面的训练与练习要求你结合自己在实际工作中的角色，思考自己在工作中惯于使用的领导方式，回答下面的问题。

训练与练习 对不同领导方式的看法

第一步：

问题：

○ 作为一名下属，你最推崇的领导方式是哪（几）种？

○ 作为一个领导者，你感觉哪种领导方式最得心应手？为什么？
○ 你感觉最不适应哪种领导方式？为什么？
○ 你最得心应手的领导方式和你最推崇的领导方式之间有多大距离？

总结：
对这些问题的思考可以帮助你了解自己倾向使用的领导方式，并使你认识到需要采用的其他领导方式。

第二步：
问题：
回想你自己使用的领导方式，填写表30-2，谈谈你对不同领导方式的看法，并思考哪些地方需要改进。

表30-2 对不同领导方式的看法

方式	使用这一方式频度： 从不　　　　　　时常 1　2　3　4　5	使用这一方式的感觉： 不适应　　　　　　适应 1　2　3　4　5	如果需要使用这一方式在下面做记号
命令			
说服			
协商			
参与			
授权			

总结：
有时，虽然，领导者要使用哪种领导方式是显而易见的，但是，有些情况下领导者很难做出决定。下面的内容会帮助你在特定情景下选择合适的领导方式。

30.2　领导方式的影响因素

下属对开展工作所处的准备状态是领导者选择领导方式的一个重要的影响因素。准备状态包括两方面的内容：一方面是承担这项工作的能力，另一方面是承担这项工作的意愿。

当团队综合能力较低时，领导者需要发出指令、给予下属具体的指导并进行严密的监控；随着团队综合能力的提高，领导者就可以逐渐减少发出指令的次数；当下属完全能胜任工作时，领导者就可以对工作进行授权了。团队能力与领导方式的关系如图30-2

第30章 领导方式

所示。

```
指令多 ←——————————————→ 指令少
      命令   说服   协商   参与   授权
不能胜任 ←——————————————→ 完全胜任
```

图 30-2　团队能力与领导方式的关系

人们从事某项工作的意愿也会影响他们需要得到支持与帮助的程度。根本不愿意工作的人，他们需要得到大量的激励，激励能促使他们积极地工作，同时，如果他们不具备开展这项工作的信心，就需要额外的支持以增强他们的自信；非常愿意工作的人所需要的支持很少，领导者对他们的工作进度表示一下关心就足够了，当然，在需要时也要给予他们帮助。团队意愿与领导方式的关系如图 30-3 所示。

```
高支持 ←——————————————→ 低支持
工作意愿低                  工作意愿高
```

图 30-3　团队意愿与领导方式的关系

对特定情境来说，领导者需要选择特定的领导方式，也就是结合上面所说的两个部分：指令的多少和支持程度的高低。团队能力和意愿的综合分析如图 30-4 所示。

```
指令多 ←——————————————→ 指令少
不能胜任                    完全胜任

高支持 ←——————————————→ 低支持
工作意愿低                  工作意愿高
```

图 30-4　团队能力和意愿的综合分析

在低准备状态和高准备状态两种极端情况下，领导方式非常清楚；如果介于两者之间，就需要做出不同的选择。

1. 不能胜任并且工作意愿低（低准备状态）

团队成员不具备开展工作的能力时，领导者需要下达具体的指令来指示团队成员如何进行工作，并进行严密的监控；因为，他们意愿较低，领导者需要给他们更多的鼓励，并给予强有力的支持。因此领导方式就是"指令多+高支持"。

2. 完全胜任并且工作意愿高（高准备状态）

当团队成员具备很强的能力和责任心时，领导者会减少指令，并在给予很少支持的情况下对工作进行授权。

3. 介于两者之间

以上两种极端情况之间并没有什么清晰的界限，因为，其间有无数种能力和意愿程度的组合方式。这时，领导者就需要同时考虑这两个因素，这样才能结合每个要处理的情境确定所需的指令和支持。

团队成员很可能有不同的能力水平和意愿程度，因此，针对不同的团队成员，领导者需要采用不同的领导方式。下面的案例与讨论就说明了这一点。

案例与讨论　张总经理的领导方式

张总经理所在的建筑工程公司最近接受了一个新的项目。他把研究所的工作交给唐副总经理直接领导、全权负责。唐副总经理是位高级工程师，知识渊博，作风民主，在工作中，总是认真听取不同意见，从不自作主张，做硬性规定。因此，张总经理十分放心，大胆授权。这不仅使唐副总经理的聪明才智得到了充分发挥，年年超额完成工作计划，也使公司在科研方面取得优异成绩。

公司的施工任务，由张总经理亲自指派了刘主管负责。刘主管是工程兵出身的复员转业军人，作风强硬，工作认真，工作计划严密、有部署、有检查，要求下级必须绝对服从，不允许下级自作主张。一些人对刘主管的这种不讲情面、近似独裁的领导方式很不满意。张总经理十分了解刘主管的个性，也认可他的工作能力。因此，他委派了徐秘书作为刘主管的专职助理。徐秘书待人接物面面俱到，经验老到，最善于同工人和其他员工打交道。但是，徐秘书过于圆滑，张总经理把徐秘书派到刘主管这里，既能让刘主管工作顺利进行，也可以让徐秘书适当收敛自己。

问题：
张总经理是如何根据不同的人使用不同的领导方式的？

总结：
唐副总经理无论是工作能力（技术层面及管理层面）还是意愿程度都很高。因此，张总经理直接授权，几乎不给唐副总经理指令和支持。虽然，刘主管工作技术娴熟，工作意愿很高，但是，在人际沟通和管理能力上有欠缺。因此，张总经理特意安排了善于沟通的徐秘书作为额外支持，协助刘主管进行管理工作。

随着团队和团队成员的成熟，他们做好了承担更多责任的准备。因此，领导者的领导

第30章　领导方式

方式就可能逐渐从命令向授权转移。领导者工作的一部分就是要帮助团队成员培养自己的责任心，并赋予他们更大的权力。

30.3　领导方式的选择

任务本身可能是影响领导者选择领导方式的最重要的因素。如果某个任务对团队来说是新任务，那就应该多使用指令并实行严密控制；但对于一项常规性的任务，选择较少干预的方式会更合适。如果在某项任务上团队成员比领导者拥有更多的经验，指令反而使他们失去动力。

时间表是影响领导者选择领导方式的另一个关键因素。时间紧迫时，协商的余地就缩小了，因而团队成员需要更多的指令；如果时间不是那么紧张，大家就可以有更多的协商空间。

还有许多方面会对领导者的领导方式的选择产生影响。例如，组织文化对领导方式的选择具有一定的影响。领导方式要与整个组织的文化结合。

下面的训练与练习要求你针对工作中的具体情境选择适当的领导方式。你可以采取相应的方式把计划付诸实践，并在之后观察它是如何发挥作用的。

训练与练习　选择领导方式

问题：

1. 做好准备

首先，要确定一种领导情境。比如，可能是完成一项特殊工作或解决一个具体问题。你需要在下列方式中，针对上面确定的领导情景，选择一种适当的领导方式：

- ○ 命令；
- ○ 说服；
- ○ 协商；
- ○ 参与；
- ○ 授权。

其次，在选择恰当的领导方式时，你应该主要考虑以下三方面的内容：

○ 考虑你自己。

(1) 你喜欢的或常用的领导方式是什么；

(2) 在上面所确定的情境下，你常用的领导方式是什么？（避免突然从你常用的领导方式转移到别的领导方式）？

(3) 另外一种领导方式是不是更合适？是哪一种领导方式？

○ 考虑你的下属。

你的下属按照吩咐做事前准备得怎样？你也许需要试探一下。分别在图30-5的箭头上做个标记，显示他们的工作能力和意愿。

指令多 ←——————————→ 指令少

不能胜任　　　　　　　　　　　　　完全胜任

高支持 ←——————————→ 低支持

工作意愿低　　　　　　　　　　　　工作意愿高

图30-5　工作能力和意愿

在考虑工作能力和意愿的情况下，分析什么领导方式比较适合你的下属：
○ 考虑任务和环境。
（1）任务有什么要求？
（2）时间表有什么要求？
（3）还有什么因素能影响领导方式的选择？

2. 融会贯通

综合以上三方面的考虑，你认为哪种领导方式对这种情况最适用：
○ 你需要下达什么指令？
○ 你将给予什么支持？

实施你的计划，将其付诸实践。
○ 你学到了什么？
○ 你感觉如何？
○ 你觉得你给下属的指令和支持的程度如何？问一下你的下属有什么感受。
○ 下一次你将做出什么改变？

总结：

此练习可以帮助你系统地思考如何根据各方面的条件决定自己的领导方式，包括使用这些领导方式时需要注意的各方面事项。美国第32任总统富兰克林·罗斯福（Franklin Roosevelt）认为，选择一种方法试试，如果失败了，老老实实地承认，再尝试另一个；但务必要实际尝试一下。

第 30 章　领导方式

本章小结

　　一个优秀的领导者会采取不同的领导方式。采用什么领导方式是由下属的工作状态所决定的，同时，任务本身也会影响领导方式的选择。本章你需要掌握五种典型的领导方式，以及其使用范围，并明确领导方式的影响因素有哪些。

思考与练习

1. 团队领导的方式及其使用范围都有哪些？
2. 选择不同领导方式的影响因素有哪些？

第 31 章　建立信任

> **学习目标**
> 1. 了解信任的概念；
> 2. 掌握信任的标志；
> 3. 掌握给予他人关注的方法；
> 4. 重点掌握营造信任氛围的方法。
>
> **学习指南**
>   　内部信任度很低的团队只能发挥很有限的力量，因为私人争执、误解，以及防御性态度等因素会影响团队。在这一章，我们将探讨团队领导和团队成员之间如何建立信任。当团队中建立起信任时，团队工作的各个方面将从中受益。信任可以激发团队成员更多创造性的想法，增强团队成员的使命感，以及促使团队成员采用积极的方式处理冲突。
>
> **关键术语**
> 　　信任　问题的类型　建立信任　关注他人　信任氛围

31.1　信任的概念

　　美国著名领导学权威斯蒂芬·科维（Stephen Covey）认为，信任是激励的最高形式，它可以使人做到最好。通常来说，一切关系都是建立在信任的基础之上。无论在工作还是生活中，我们都需要找到可以信任的人，将自己真实的想法和意见告诉他们。只有互相信任，团队成员才会在整个团队中畅所欲言。如果没有信任，团队成员之间交流就会很少，合作则几乎不可能。

　　一般而言，团队领导必须相信团队成员能够完成交给他们的任务，同时团队成员也必须相信团队领导的领导方向。如果一个团队中的成员想要进行合作，那么大家就必须彼此信任，这样会比各自为政创造出更多的价值。

第31章　建立信任

训练与练习　信任带来的好处

问题：
认真观察你所处的工作环境，思考在工作中团队成员相互信任能带来哪些好处。

总结：
在工作中，团队成员的相互信任能带来很多好处，例如：
○ 团队成员可以得到真正的意见和建议；
○ 团队有更多的人参与；
○ 团队成员更具使命感；
○ 团队成员有更多的合作机会；
○ 团队成员可以积极地运用冲突的力量；
○ 团队成员有更好的机会来发现隐藏的问题；
○ 团队成员更加开诚布公，能更好地开展工作。

31.2　信任的标志

英国领导力和领导力发展方面的权威约翰·阿代尔（John Adair）认为，所有的领域都一样，自由的、有才干的人也需要合作；有效的领导是建立在信任和尊重的基础上的，而不是畏惧和屈从。

信任的标志包括很多方面。

1. 坦诚地交流

人们互相信任时会感到很快乐，愿意说出真实的想法，承认自己的过失。彼此之间可以开诚布公，没有背地里议论别人。例如："你能再解释一遍吗？这个问题我还是不太理解。"

2. 尊重

有信任就有尊重。这种情况下团队成员会彼此珍视，即使当意见有分歧时，他们也能互相尊重。例如："我不同意你的观点，但是，我能理解你，我们的意见出现分歧是有原因的……"

3. 授予管理权

当团队领导信任他的团队成员时，就会将任务的管理权交给他们，相信他们自己可以做出判断和决策。例如："小刘，你能否找到投诉的原因，并且决定我们该如何更好地消除上午那位顾客的怒气吗？"

4. 承担风险

当互相信任时,人们会愿意承担风险,因为他们知道犯错误没关系,只要能从中吸取教训就可以了。例如:"我们无法知道销售额增长的速度,但是我们可以使用孙总的预测,也就是销售额在未来的六个月中以每个月百分之一的速度增长,然后我们观察实际情况。"

下面的评测与评估可以帮助你思考团队成员之间的信任程度。

评测与评估 团队成员之间的信任程度

指导:

根据以下几对陈述,在横线上做上记号来表示你团队的状况,完成表31-1。

表31-1 信任度调查表

充分信任	评价分数	缺乏信任
团队成员可以自由地表达不同意见	1　2　3　4　5	团队成员认为必须同意专家或者团队领导的意见
团队成员可以放心地实话实说	1　2　3　4　5	团队成员担心他们的意见不会被采纳,所以保留自己的意见
团队成员表现出对彼此观点和意见的重视	1　2　3　4　5	团队成员时常驳斥别人的观点和意见
团队成员互相尊重	1　2　3　4　5	团队成员互相诋毁
团队中有坦诚的气氛	1　2　3　4　5	互相之间有秘密,团队成员背着别人说话
团队成员之间有很多合作和支持	1　2　3　4　5	团队成员宁愿自己做自己的事
团队成员能得到他们所需要的信息	1　2　3　4　5	团队成员抱怨得不到所需的信息
团队成员很放心地承担风险	1　2　3　4　5	团队成员害怕承担风险

总结:

你可以将分数进行累加。分数越高,说明团队成员相互信任的程度越差,团队领导越需要通过在团队中建立信任来改进团队工作。

31.3 信任的要点

团队领导在建立信任的过程中必须采取主动。其中，最重要的是要设身处地地为下属着想。下面的这个案例说明重视下属意见的重要性。

案例与讨论　为下属着想

> 小于提出销售团队应该定期在后海的咖啡馆聚会，这样有助于大家增进彼此之间的信任，使团队更加团结。团队领导小马认为这家咖啡馆离小于家比较近，其他的人则需要专门赶过去，很不方便。但是，他认为小于的主意还是有可取之处的，并鼓励大家提出自己的观点。在他的鼓励下，团队成员纷纷提出许多有益的建议。尽管小于的建议没有被全盘接受，但是，他提建议的做法得到鼓励，因此，他非常高兴。
>
> **问题：**
> 尽管小于的意见没有被全盘接受，但是，他还是非常高兴，这是为什么？
>
> **总结：**
> 从团队的角度思考问题，互相尊重并重视彼此的观点，这可以激励团队成员，让他们自信地与别人分享自己的观点和意见。团队领导致力于建立信任，团队成员就会效仿他的做法，大家就可以共同营造信任的氛围。

团队领导要在团队中营造信任的氛围，除了要为下属考虑，还有其他一些方法。下面一些方法有助于团队领导在团队中营造信任的氛围。

步骤与方法　营造信任氛围的方法

1. 开诚布公

团队领导要真诚地说出自己的意见和想法，让团队成员完全了解所有与他们工作有关的事（不过要注意避免被一些无关紧要的信息困扰）。团队领导要倾听团队成员的意见，这样就可以从他们的角度来理解问题。团队领导在谈论意见和观点的同时也谈到自己的感受，这时就做到了真正的开诚布公。

2. 客观并一视同仁

团队领导对下属一视同仁，不要有偏爱，否则容易使其他团队成员产生抵触心理。团队领导要公正，例如，在表扬或批评团队成员时，要以事实而不是感觉为依据。

3. 信守诺言

如果希望团队成员信守诺言，那么团队领导自己必须做出榜样。所以，团队领导不要承诺自己做不到或不想做的事。

4. 承认错误和过失

承认自己的错误和过失是需要勇气的。但是，通常来说，只要真正做到了，大家就会原谅团队领导的错误，就会在可能的情况下帮助团队领导。当团队成员都勇于承认自己的错误时，团队领导就很容易了解团队存在的弱点，并且可以尽快想办法改进。

5. 授权

这是对团队成员，以及团队整体信任程度的严峻考验。赋予团队成员做判断和做决定的权力，可以在行动中显示出团队领导对他们的信任。

6. 给予反馈和赞扬

团队领导一开始就给予一些积极的反馈可以激励团队成员更好地完成任务。反馈必须诚实和具有建设性。

在团队成员取得成绩时表扬他们，团队信任感就会加强。团队领导可以在私下赞扬团队成员，也可以在团队里或者在公共场合，当着其他团队的成员甚至是客户的面赞扬他们。

7. 表现出你在为他人服务

约翰·阿代尔认为，领导就是服务，两者没有差别。团队成员一般不会想到团队领导是为大家服务的，所以必须让他们清楚，团队领导就是在为这个团队、这个部门服务乃至在为整个组织服务。

在团队中建立信任需要时间，当团队成员开始仿效团队领导的这些行为举动，并且增强了自己的使命感和合作意识时，团队的信任水平就得到了较大的提高。

当人们做一些很费时间的事情时，常常会感到毫无进展。我们可以在记事本上留出一页，每当发现有一点信任的迹象就把它记录下来。例如：

○ 小王主动地说出了他的观点；

○ 小张制定的流程比我做得要好。

这样一段时间之后再看，团队领导就会发现确实有了进展。

31.4 获取信任

让团队成员知道团队领导了解他们的立场，这是一种可以有效促进信任的方法。这需要团队领导了解团队的每一位成员。从别人的角度思考问题的方法是全面地关注他们,并且真正地倾听他们的意见和观点。

理查德·莫斯(Richard Moss)认为,人们可以给予别人的最好礼物,就是全心全意地给予他人关注。下面的步骤与方法告诉我们,在团队中与他人交流时,如何给予他人关注。

步骤与方法 给予他人关注的方法

1. 避免分心

我们要给予他人全心全意的关注,从他们的角度看问题,抛开一切杂念。

2. 有目的地倾听

倾听不是盲目的,倾听的目的应该是理解别人的观点。只有理解了别人观点的倾听,才是真正的倾听。

3. 用脑思考,用心去听

倾听时,我们要在注意其内容的同时还要注意体会别人的感受。学会通过肢体语言——手势、面部表情,以及姿态来读取信息。这些往往可以告诉我们一个人的思想感受。例如:皱眉可能表示生气或者迷惑,交叉的手臂则表示防卫的态度。

4. 鼓励说话者继续说下去

点头表示赞同说话者的观点,希望他们继续说下去。鼓励说话者继续说下去的方法还包括:重复他们所说的最后一件事,也可以进行提问,比如使用一些开放式的问题。问题的类型如表31-2所示。

表31-2 问题的类型

类 型	描 述	举 例	作 用
开放式问题	不能用"是"或者"不是"来回答的问题	"为什么会发生这样的事?"	可以鼓励说话者多说一些
封闭式问题	可以用"是"或"不是"来回答的问题	"是否是因为顾客投诉呢?"	可以弄清你不确定的事情,或者将谈话进行下去
反问式问题	反过来问提问题的人	"小刘,那你认为我们应该怎么做呢?"	可以更多地了解别人的想法

5. 自然地面对沉默

沉默是因为你们双方在思考,你要自然地面对它,让别人来打破沉默。

6. 检查搜集到的信息

对别人所说的话做一个简单的总结，给他们机会纠正自己理解错误的地方。检查事实、观点和感受等各个方面。

训练与练习　问题的类型

问题：

提问有很多种方式，你能区分出下面的问题都是哪些类型吗？

（1）主管黛西："上周的任务没有完成，是什么原因？"

（2）希兹询问总经理："调研会定在下午3点可以吗？"

（3）部长说："你提的这个问题很重要，你想到了什么解决方法？"

总结：

黛西的问题是开放式问题；希兹的问题是封闭式问题；部长的问题是反问式问题。

上面的训练与练习使你懂得了关注团队成员的重要性，你还需要知道怎样做才是正确的给予关注的方法，并最终获得信任。通过下面的训练与练习，你可以学会如何站在团队成员的角度看问题。

训练与练习　站在团队成员的角度看问题

指导：

○ 你可以找一个需要你理解团队成员观点的情境，这个情境可能是冲突或者产生了误会的事件；

○ 你需要描述这个情境；

○ 你应该选择一个时间，给团队成员解释自己观点的机会；

○ 你可以运用给予关注的能力来显示你理解团队成员的观点，注意将这个信息反馈给他们，并总结他们的观点。

问题：

○ 你将如何运用这种理解来促进信任的建立？你可以在倾听团队成员的意见之后直接和他们讨论下一步该怎么做，也可以花费一些时间先思考一下。

○ 你将如何通过理解他们的处境来建立信任？

总结：

建立信任是一个循序渐进的过程。最关键的一点是关注团队成员并站在他们的立场思考问题。本训练与练习可以帮助你思考自己团队的信任状况，并思考通过什么方法来建立起信任。

第 31 章　建立信任

延伸与拓展　信任稀缺性的负面影响

> 信任不是偏爱。研究发现，如果员工感觉到被团队领导信任（感知被信任），并且认为团队领导只信任自己，而不信任别人（信任稀缺性较高），不仅不会做出努力的行为，反而还会增加不利于工作的行为（反生产行为）。因此，一味地信任某一个员工，会产生偏听偏信的效果，这对团队整体的工作效率不利。公平公正地给予每一个团队成员合理的信任，这才是作为团队领导应该做到的。
> ——资料改编自：陈晨，张昕，孙利平，等. 信任以稀为贵？下属感知被信任如何以及何时导致反生产行为 [J]. 心理学报，2020，52（3）：329-344.

下面的评测与评估可以帮助你评估自己在团队中的信任度。

评测与评估　获得信任

指导：

你可以用两种方式填写以下的问卷：第一，自己回答这些问题；第二，找一个对你很了解的同事，请他帮你回答问题。

表 31-3　如何获得信任

问题	从不				经常
	1	2	3	4	5
是否行为坦荡	1	2	3	4	5
是否始终如一	1	2	3	4	5
是否说到做到，信守诺言	1	2	3	4	5
是否实话实说	1	2	3	4	5
是否承认自己的过失或错误	1	2	3	4	5
是否对人公平	1	2	3	4	5
是否让你的团队信息通畅	1	2	3	4	5
是否对团队的表现给予诚恳、有建设性的反馈	1	2	3	4	5
是否对团队成员的成绩给予赞扬	1	2	3	4	5
是否公开表扬团队成员的成绩	1	2	3	4	5
是否将任务授权给团队成员	1	2	3	4	5
是否表现出你在为他人服务（而不是为自己服务）	1	2	3	4	5
是否希望团队成员怎么做，你自己就怎么做	1	2	3	4	5

总结：

如果你对某些问题的评价为4分和5分，说明你已经具备相应素质，可以依靠它们来获得团队的信任。如果对某些问题的评价在1分、2分、3分上，说明你在这些方面还需要提高。当你采取建立信任的行动时，你的团队会慢慢地模仿你，这将使你的团队信任程度不断地提高。

本章小结

团队领导想要建立团队内部的信任，需要知道什么是信任，以及信任的标志有哪些。本章在此基础上介绍了建立信任的有关内容，包括团队领导如何帮助团队营造信任的氛围，以及如何从团队成员的角度来看待团队信任问题，等等。

思考与练习

1. 团队中存在信任的标志是什么？在你的团队中，哪些方面表明你的团队存在信任？
2. 在实际工作中，营造信任氛围的方法有哪些？这些方法有哪些特点？你经常应用其中的哪些方法？

第 32 章 领导授权

学习目标
1. 了解不授权的理由;
2. 掌握授权的步骤;
3. 重点掌握营造团队授权的氛围的方法;
4. 重点掌握授权过程中的各个要点。

学习指南

团队领导在信任的基础上对团队成员进行合理的授权,同时,鼓励团队成员接受团队领导的授权并承担相应的责任。这其中涉及如何授权,以及如何有效地下达指令。授权能够给团队带来很多益处。本章将讨论如何授权以及如何有效地下达指令。

关键术语

授权的原因 授权的步骤 授权的过程 营造团队授权的氛围

32.1 授权的原因

人们希望自己能获得信赖,同时对自己所从事的工作负责。但是,很多领导者发现,要授权是一件极其困难的事情。大家都有各种不将管理权授予下属、不将职责委托给他人的理由。下面的训练与练习可以帮助你总结出人们不授权的理由。

训练与练习 **不授权的理由**

问题:

思考下列不授权的理由,在符合你的描述的前面打钩,完成表 32-1。

表 32-1 不授权的理由

请打钩	理由
	我没有时间向别人做出解释

续表

请打钩	理由
	每个人都很忙
	没有一个人能做得像我一样好
	我不相信别人能按时完成
	这件事一直都是由我来做，现在为什么要我停下来
	如果我都不喜欢，那么为什么还让别人去做呢
	让别人去承担，我感到不自在

总结：

不授权的理由很多，但仔细思考一下就会发现其中大多数理由是站不住脚的，是主观的想法。

不授权的理由归纳起来，大致包括以下几点：

- 对自己角色的理解问题——吩咐其他人干活可能会感觉不自在；总是认为自己是做事的人而不是下达指令的人；希望作为团队的一员去坚守自己的岗位；
- 对他人的信任问题——如果发现难以信赖他人，那就意味着难以给他们布置任务；
- 个人所具有的能力和经验问题——以前曾努力地去布置任务，但并不奏效；他人不是没按期完成，就是没有把任务做好。

虽然，以上不授权的理由看似合理，但是要求授权的理由更充分。实际上，授权是一个优秀领导者必须具备的能力，它对团队领导、团队成员以及团队整体都有益处。

- 对团队领导的益处包括：确保完成重要的工作，增强团队成员的信心；从长远来说，可以节省更多宝贵的时间；
- 对团队成员的益处包括：增强参与性、提高责任感、培养新的能力；
- 对团队整体的益处包括：能够将能力和经验更好地结合起来，带来更大的灵活性；最重要的是能更好地达到目标。

下面的案例与讨论可以帮助你理解不授权的危害。

案例与讨论　不授权的危害

美国著名的杜邦公司的第三代继承人尤金·杜邦（Eugene Dupont），是个不喜欢授权的人。尤金·杜邦在掌管杜邦公司之后，坚持实行一种"恺撒式"的经营管理模式，"一根针穿到底"，绝对控制管理权力。公司的所有主要决策和许多次要决策要由他独自制定，所有支票都得由他亲自开具，所有契约也都得由他签订，他亲自拆信复函，一个人决定利润分配，亲自周游全国，监督公司的好几百家经销商，在每次会议上，总是他发问，别人回答。尤金·杜邦的绝对式管理，使杜邦公司组织结构完全失去弹性，很难适应市场变化，在强大的竞争面前，公司连遭致命的打击，濒临倒闭边缘。

与此同时，尤金·杜邦本人也陷入了公司错综复杂的矛盾之中。最终，尤金·杜邦终因体力透支而去世。其合伙者也心力交瘁，两位董事长和秘书兼财务部长也相继辞职。

问题：
从案例中可以看出，不授权的危害是什么？

总结：
成功授权的前提条件是对团队成员充分的了解。这可能需要花费一些时间，但带来的益处大大超过这点投入。尤金·杜邦没有深刻地了解授权的好处，因此，在不授权的劳碌中付出了健康的代价。

32.2 授权的步骤

拥有良好信任氛围的团队比较适合于授权，但是在真正授权的过程中，团队领导仍然需要考虑如何能够更加有效地分派任务。授权是一个很复杂的过程。团队领导不仅要分派任务并希望团队成员完成，还需要向他们下达正确的指令，并从各方面支持他们。

步骤与方法　授权的步骤

以下是授权的步骤。

1. 打好基础

团队领导首先必须阐明这项工作所涉及的问题，尤其是：

- 预计达到的目标——对一些团队成员来说，如果他们不知道目标是什么，或者他们对目标的看法不同，就难以完成任务，团队领导可以与团队成员一起探讨计划是否切合实际、是否有意义；
- 何时需要完成任务——需要制定明确而现实的时间进度表；
- 确定适合此项工作的人选——有能力、有时间完成此项工作的人，团队成员应该深入分析这次机会能否培养他们的创新能力。

团队领导在向团队成员交代新任务时，应该注意以下几点：
- 告诉他们要做什么；
- 询问他们愿不愿意做；
- 与不同的人讨论有关任务的话题以试探他们的兴趣所在。

考虑到以上问题，团队领导在分析问题时采取一种好的解决方法是很重要的，这些方法必须：
- 适合于任务；
- 与领导方式保持一致；
- 有可能向团队成员授权。

2. 下达指令

这可能是至关重要的一步。下达指令必须能够确保达到以下结果：
- 调动团队成员对任务的兴趣；
- 团队内部对结果达成一致意见；
- 制定执行任务的框架。

同时，团队领导必须考虑好授权的范围以及团队成员所承担的责任。例如，团队领导设定目标，制定时间进度表，允许团队成员自由选择实现目标的方法，团队成员可以决定其他参与的人员，可以决定何时以及如何检查进展情况。

下面的训练与练习可以帮助你思考在下达指令时应该做哪些事情。

训练与练习　下达指令

问题：

考虑你将要授权的一项任务，思考如何对参与任务的团队成员下达指令，按照自己的选择完成表32-2。

表32-2　下达指令

指令	你决定	他们决定
设定目标	□	□
选择完成任务的方法	□	□
决定其他参与的人员	□	□
制定时间进度表	□	□
决定何时以及如何检查进展情况	□	□

总结：

很多因素会影响授权的选择，其中最主要的是参与人员的经验。团队领导可能在设定目标和制定时间进度表的过程中扮演重要的角色。团队领导也可能允许比较有经验的团队成员选择完成任务的方法。如果团队具备较多有经验的团队成员，团队领导就可以和他们一起交流思想，探讨如何完成工作任务，等等。这样，团队领导就能够与团队成员分享自己的想法，并就如何完成这项任务达成共识。

3. 检查进展情况

在授权过程中，任务进程经常会因为团队领导没有进行有效的检查而出现偏差。这就需要建立一些机制，这可以确保任务按计划进行，以便发现问题时快速找出原因并解决。但是，团队领导不要无端地干涉他人的工作。检查进展情况的机制既可以是非正式的，也可以是正式的。

- 非正式的机制：可以很自然地对大量的进展情况进行检查。方法是经常谈论工作中的问题，或让团队成员在不知道怎么办时提出问题。
- 正式的机制：对计划的进展情况进行全盘审视，并讨论与任务有关的各方面的问题，还可以进行其他的正式检查。这是给予奖励和反馈以及提出建议的绝佳时机。

尽管，可能需要根据经验对原有的目标和时间表进行调整，但是，团队领导仍然可以将目标和时间表作为检查进展情况的依据。

4. 反思

在任务完成之后，团队领导需要花时间思考任务完成的效果，要着重于：

- 哪些方面完成得好？为什么？
- 哪些方面完成得不够好？为什么？

紧接着，团队领导要思考自己在此项任务中所扮演的角色，思考自己是如何向其他参与成员下达指令、分配给参与成员的职责是否合理、下一次将采用什么样的做法等。同时，团队领导还需要思考是否成功地进行了授权，是否扩展了团队成员所需的能力。

下面的训练与练习要求你遵循授权的步骤并认真思考各步骤所面临的问题。

训练与练习　如何授权

问题：

选择一项你能够授权的任务，思考如何授权。

总结：

结合授权的四个步骤，你需要在具体工作中应该注意更多的细节。

1. 打好基础

首先，选择任务并记录任务所涉及的问题。

其次，决定参与任务的人选，你需要考虑以下内容：

- 谁具备这样的能力；
- 谁有时间；
- 谁能够从这份工作中受益。

2. 下达指令

向他们下达指令，你需要考虑以下内容：
- 为什么此项任务如此重要；
- 他们应取得怎样的成绩；
- 需要他们做什么；
- 如何去做；
- 应该还有谁参与其中；
- 任务何时完成。

3. 检查进展情况

对任务进行授权并不意味着不再对它负责。思考一下你如何检查进展情况，包括：
- 多长时间检查一次进展情况；
- 衡量时间的标准是什么；
- 如何确保进展顺利。

4. 反思

任务完成后，你需要进行评估：
- 工作的质量如何；
- 授权的效果如何。

你还需要从长期来看待授权：
- 如果团队中的成员具有其他的能力，你会授权他们完成什么样的任务；
- 谁有可能掌握这些能力。

32.3 授权的过程

劳里·马林斯（Laurie Mullins）认为，授权是一个将权力委托给他人的过程。

授权是管理者必须掌握的技巧，也是管理活动中一个非常关键的行为。成功的授权能够使团队成员积极高效地完成自己的工作。但是，如果授权的方法不对，也可能给团队成员造成不必要的负担和某些负面的影响。

下面的训练与练习要求你从自己的角度出发思考授权的相关问题。

第32章 领导授权

训练与练习　关于授权的感受

问题：
- 团队领导如何做才能使团队成员做起事来心情舒畅？
- 在什么情况下团队成员做起事来会心情沮丧？

总结：
在以下情况下，团队成员可能做起事来心情会更加舒畅：
- 受到重视和尊重；
- 独自处理某项工作；
- 清楚自己所要从事的工作；
- 能够寻求帮助；
- 自信具有完成某项工作的能力。

在以下情况下，团队成员可能做起事来会心情沮丧：
- 感觉受到了欺骗；
- 不能确定自己所要从事的工作；
- 目标不停地变换而没有明确的理由；
- 不断地受到干涉和指责。

如果想让从事某项工作的团队成员感到心情舒畅，团队领导不仅需要制订团队运作的长期计划，而且必须营造一种可以使团队成员真正享有管理权和承担责任的氛围。

步骤与方法　营造团队授权的氛围

在营造团队授权的氛围时，团队领导需要做到以下几点：
- 重视团队成员；
- 向团队成员提供必要的工具；
- 为团队成员提供支持；
- 营造相互信任、开诚布公的工作氛围；
- 持之以恒；
- 学会放手。

1. 重视团队成员

授权的出发点是团队领导对团队成员的态度。团队领导必须要从内心深处对团队成员充满信心，了解他们的优势并相信他们的能力，并且在言行举止中表达出对团队成员的高度重视。

2. 向团队成员提供必要的工具

团队领导向团队成员提供必要的工具可以帮助他们更好地完成工作。平时必须要注重团队成员的学习，这很有可能需要正式的训练和培训。当然，团队领导通过指导也能提供大量的帮助。值得注意的是，对工作进行授权是进行指导的绝好时机。

3. 为团队成员提供支持

团队成员在工作中需要得到支持。这里所说的支持既可以来自团队领导，也可来自团队中的其他成员。它包括允许、鼓励团队成员提问题，允许团队成员承认错误而不用担心受到指责，总之是对团队成员给予认可和奖励。

4. 营造相互信任、开诚布公的工作氛围

授权也依赖于营造相互信任、开诚布公的工作氛围。

5. 持之以恒

通常，只有持之以恒才能确保完成工作。当进行授权时，团队成员必须知道他们所要完成的任务不会经常变更。

6. 学会放手

要成功地授权，团队领导就必须真正地让团队成员自行决策，自行解决问题。这并不意味着团队领导放弃自己的职责，只是放手让团队成员去做，少加干涉。

下面的评测与评估可以帮助你评测自己在营造团队授权的良好氛围方面做得如何。

评测与评估　营造团队授权的氛围

问题：

思考表32-3中的问题，哪些你已经做到了，哪些还有待改进？

表32-3　营造团队授权的氛围

描　述	我已经做到	有待改进
重视团队成员	□	□
向团队成员提供必要的工具	□	□
为团队成员提供支持	□	□
营造相互信赖、开诚布公的工作氛围	□	□
持之以恒	□	□
学会放手	□	□

总结：

授权的准备工作之一就是营造团队授权的氛围。你必须利用各种方法增强团队成员的主人翁意识。

授权不仅是某一个团队面临的问题,还是整个组织面临的问题。如果组织内部已具备能成功授权的能力,那么团队的授权就会相对容易。如果组织没有授权的习惯,团队进行授权将会变得很困难。在这样的组织中,团队领导可以尝试做以下几件事情:

- 客观认识团队中的授权氛围,找到合理的方式解决这个问题;
- 寻求支持,扩大授权的力量;
- 深入分析,权衡利弊。

本章小结

权力的收和放是一个矛盾体,授权不但是对员工的信任,也是聪明的管理方式。首先,团队领导要打好基础;其次,团队领导下达指令;再次,团队领导要随时检查进展;最后,团队领导进行积极反思。这就是授权的全部过程。本章你需要重点掌握授权的步骤,以及如何营造团队授权的氛围。

思考与练习

1. 不授权的理由是什么?
2. 如何对工作进行授权?授权分为哪几个步骤?
3. 如何营造团队授权的氛围?

实践与实训

指导：

本练习包括以下两个部分：
○ 从比较宽泛的角度评估你的领导角色；
○ 详细地评估你的各种能力、素质以及各种技巧的运用情况。

第一部分：评估你的领导角色。

思考你作为领导者所担当的不同角色，然后填写下表。

角色评估表

需要担当的领导角色 （列出各项内容）	优势 （在优势处打√）	弱势 （在有待改进处打√）	不具备 （在需要开始培养处打√）

确定提升领导能力的计划。你可以决定首先加强弱势角色的培养，或者可以担当一个原先被忽略的重要角色。

第二部分：能力、素质以及各种技巧的运用情况。

现在我们来详细地评估你的发展计划中的各个方面。

1. 审视能力和方法（第一、二列）

首先，检查本课程每一章节结尾部分所完成的练习，尤其要注意：
○ 你所具备的能力和素质，以及你所需要改进的地方；
○ 通过尝试各种能力和方法验证学到的东西。

其次，填写领导能力调查表的前两列："我的优势"和"有待培养的方面"。你可以随时修改计划，使它更适合你。

领导能力调查表

项目	我的优势	有待培养的方面	优先考虑事项	解决问题的方法 （如何应付优先考虑的事情）
能力和素质 （例如：给予关注和热情）				
工具和方法 （例如：选择合适的方式，对任务进行授权）				

2. 优先考虑事项（第三列）

确定下个月将要优先处理的四件事情。这些事情在某种程度上应该有利于培养你的领导能力。

3. 解决问题的方法（第四列）

下面的建议可以帮助你培养能力并找出解决问题的方法：

○ 关注发展计划的其他部分，例如，指导和激发团队成员，确定你所要培养的能力；

○ 观察其他人的工作方式，并予以效仿；

○ 找一位善于此项能力的同事，让他对你进行指导；

○ 阅读本单元的各章，获得更多的帮助。

总结：

本单元讲解了领导能力的几个方面，通过集中思考如何提高领导能力的问题将所学的知识贯穿起来。你需要思考自己的角色，思考自己的优势及缺点，并结合这些问题制订一个长期的发展计划，有步骤、有针对性地逐步提高你的领导能力。

单 元 测 试

一、单选题

1. 李总是集团的总经理，而赵主管是集团生产部门的负责人，二者工作的侧重点为（　　）。

  A. 李总——确定愿景及实现愿景的策略，准备具体的计划和预算；赵主管——组织实施计划，展望未来

  B. 李总——准备具体的计划和预算，激励和鼓舞；赵主管——确定愿景及实现愿景的策略，组织实施计划

  C. 李总——准备具体的计划和预算，组织实施计划；赵主管——确定愿景及实现愿景的策略，激励和鼓舞

  D. 李总——确定愿景及实现愿景的策略，激励和鼓舞；赵主管——准备具体的计划和预算，组织实施计划

2. 旅行公司刘总经理以独特的眼光发现了惊险性旅游项目与40~45岁男性消费者之间的相关性，在此基础上设计了具有针对性的旅游路线和项目，并进行了前期宣传。因为涉及与交通管理、保险、环保等部门的协调，该项目得到正式批准的时间比预期晚了整整一年。所以，该项目丧失了大量的市场机会。据此可以看出刘总（　　）。

  A. 个人能力、社会能力、思维能力都弱

  B. 个人能力和思维能力强，但社会能力弱

  C. 个人能力、社会能力、思维能力都强

  D. 个人能力和社会能力强，但思维能力弱

3. 李处长作为团队领导者，在掌握领导者角色的基础上还需要掌握领导者的任务，这些任务包括（　　）。

  A. 发展个人、沟通能力和完成任务　　B. 完成任务、人际交往和建设团队

  C. 建设团队、接受培训和发展个人　　D. 发展个人、完成任务和建设团队

4. 小张对小李说："我一点也不同意这种观点，但是，我能理解你，我们的意见出现分歧是有原因的。"这句话体现了二者所在的团队中（　　）。

  A. 团队成员愿意承担风险　　B. 团队领导善于授权

C. 团队成员常常针锋相对　　　　　D. 团队成员之间充满了信任和尊重

5. 毛总所领导的团队成员之间了解不多，互不信任，他想在团队里营造良好的信任氛围。关于营造良好的信任氛围的方法，说法不正确的是（　　）。

  A. 不需授权给团队成员　　　　　B. 开诚布公
  C. 给予反馈和赞扬　　　　　　　D. 客观并一视同仁

6. 张总吩咐其他人干活时，会感到很不自在，因此很少将团队任务分配给下属。他不授权的原因是（　　）。

  A. 团队任务过于重要　　　　　　B. 对自己角色的理解问题
  C. 对团队成员的信任问题　　　　D. 下属所具有的能力和经验

7. 授权主要有四个步骤，第一步是（　　）。

  A. 打好基础　　B. 反思　　C. 下达命令　　D. 检查进展情况

8. 一个团队是否有授权的氛围表现在很多方面。没有体现出授权气氛的场景是（　　）。

  A. 张总很重视对团队成员进行训练和培训
  B. 李总常常把工作完全交给团队成员去做，自己不予任何干涉
  C. 赵总了解每个团队成员的优势，并让他们发挥所长
  D. 孙总常常与团队成员进行交流，允许并鼓励他们提问题

二、案例分析

  有两位年富力强又踏实勤奋的园长，其中的一位可谓"夙兴夜寐，中情烈烈"，事无巨细，必亲自过问。他不让下属参与决策，命令下属完成他安排的所有事情，甚至学生上课时，他还在走廊里巡视。下午放学前，为了不让老师、学生早退，他亲自坐镇门房，被誉为"门房园长"。这位园长勤劳有余，却忽视了幼儿园的根本任务。虽然，该幼儿园的教师队伍素质整体较高，但教师工作积极性很差。这位园长辛勤工作多年，幼儿园工作却不见起色。

  另一位园长除了勤奋之外还十分好学。他不仅精通自己所学专业，而且能结合管理实践去钻研管理学、教育学、心理学，学习管理心理学知识和现代教学论。他还关心校内外的各种信息，经常和教师们一起讨论各种教育思想，研讨幼儿园办学方向。他带领教师从总结以往的成功经验入手，探索学生学习与成长的规律，使各学科教师都创造出有自己特色的教学方法。在此基础上，他又组织进行评教评学、师生对话、分类指导、全面验收等活动，打造了一个以目标管理为中心的教育教学质量评价反馈系统。在幼儿园管理上，他率领领导班子成员致力于幼儿园的整体改革，成立民主决策

机构，建立一套以岗位责任制为中心的评估、奖惩体系，"职有专司，事有专责"，各项工作井然有序。几年以后，幼儿园焕然一新。该所幼儿园不仅教育质量有了大幅度提高，而且在办学上渐渐显示出自己的特色，成为当地一所知名的先进幼儿园。

1. 第一位园长不让下属参与决策，凡事必亲自过问，这位园长的领导方式是（   ）。
   A. 命令　　　　　B. 合作　　　　　C. 授权　　　　　D. 参与
2. 第一位园长的领导方式的适用范围是（   ）。
   A. 进行决定前收集信息　　　　　B. 介绍任务目的
   C. 紧急任务　　　　　　　　　D. 获得解决问题的办法
3. 第二位园长在摸索幼儿园教学方向时，时常和教师们一起讨论、研讨、探索。这位园长的领导方式是（   ）。
   A. 引导　　　　　B. 说服　　　　　C. 协商　　　　　D. 监控
4. 教师队伍素质整体较高，但积极性很差，为了改变这种现状，第一位园长应采取（   ）的方式。
   A. 低支持、指令多　　　　　B. 高支持、指令少
   C. 高支持、指令多　　　　　D. 低支持、指令少
5. 领导者在选择领导方式时要考虑的因素不包括（   ）。
   A. 下属的工作能力　　　　　B. 自己的个人偏好
   C. 下属承担工作的意愿　　　D. 工作的难度

扫描二维码，查看参考答案